九州一周駅伝
62年の物語

Run to the Moon

西日本新聞社

●目次

- 6 　元五輪ランナーの執念で
　世界最長の駅伝が開幕
　金栗四三・納戸徳重

- 10 　「自信の塊」の世界記録保持者
　圧倒的な区間新でスタートを飾る
　重松森雄

- 11 　五輪金メダリストの規格外の走り
　宮崎の25連覇を阻む
　サムエル・ワンジル

- 14 　偉大なる先輩たちの記録に挑む
　カネボウの速さの系譜
　高岡寿成

- 15 　「マタハチ」からの脱却、躍進
　60年目で初のステージ優勝を達成
　長崎県チーム

- 18 　「初日は絶対に取る」強い思いが
　24連覇への第一歩を刻んだ
　宮崎県チーム

- 19 　〝新人区間〟でベテランが復活
　新人森下を振り切り区間新
　井手健二

- 22 　引退を胸に臨んだ出走で
　その後の人生を変えた区間賞
　川嶋伸次

- 23 　草創期から大会を支えてきた
　窯元ランナーからの贈り物
　松尾 一

- 26 　宮崎で受け継がれる「激走」魂
　その源流は4日連続の区間賞にあり
　松元三郎

- 27 　九電工陸上競技部の礎を築いた
　部員第1号の五輪ランナーがデビュー
　西田勝雄

- 30 　「駅伝が終わらないと正月がこない」
　福岡チームを癒して60年
　旅館あけぼの

- 31 　累計距離は1人で1周
　〝沖縄の鉄人〟に沿道からエール
　平田清健

- 34 　〝超一流〟のランナーを破った
　輝かしい区間賞の記憶
　末次康裕

- 35 　最長区間で本領を発揮した
　宮崎黄金期の名ランナー
　真内 明

- 38 　コース短縮で消えてしまった
　驚異の区間新記録
　早田俊幸

- 42 　休んだ2kmを後悔した
　幻の区間新記録
　宗 猛

- 43 　鹿児島を牽引した公務員ランナーが
　不滅の区間記録を打ちたてた
　浜田安則

- 46 　取材の「難所」田原坂が
　人生の〝分岐点〟に
　取材記者

- 47 　大会関係者が青ざめた
　「踏切飛び越え」事件
　ルール改正の歴史

- 50 　「呉越同舟」の強化策が実り
　長崎が初の日間首位に輝く
　定方次男・児玉泰介

- 51 　銀メダリストの涙が物語る
　宮崎黄金期の「緊張感」
　森下広一・竹下雄二

54	激闘を伝えるべく奔走した TNCの番組制作者たち **テレビ放送**	75	「月に向かって走れ」 九州一周駅伝の合言葉がついに現実に **38万4400kmの足跡**
55	沖縄の初出場は"返還前年" 興奮がよみがえる思い出の九州路 **嶺井政義**	78	必死にもがいて区間新 「白バイ」に挑んだランナー **森下由輝**
58	驚異的な区間新に秘められた ランナーとしての本能 **伊藤国光**	79	バルセロナ五輪「金」の英雄 黄永祚の強さに衝撃走る **アジア選抜チーム**
59	後の指導に生かした 五輪ランナーの大ブレーキ **渡辺和己**	82	九州路に残る 快速ランナー2人の名勝負 **佐藤信之・高岡寿成**
62	「独自の九州路」は研究の成果 中継所への先着を目指して **選手収容バス**	83	宮崎と旭化成の歴史を育んだ "走りの血統"がたすきをつないだ日 **広島庫夫・広島日出国**
63	水害で一部打ち切りになったが 鹿児島勢が「地元を元気に」と力走 **アクシデント**	86	本拠地の延岡入り 「負けは絶対に許されなかった」 **宮崎県チーム**
66	月を目指したランナー 2区間連続で区間賞に輝く **貞永信義**	87	世界に羽ばたいたランナーは 区間賞逃した屈辱を糧にして **堀端宏行**
67	ロンドン五輪のランナーは 九州路を「もう一度走りたかった」 **藤原 新**	90	日韓の心のたすきをつなぐ バス車中のユニホーム交換 **韓国チーム**
70	初出場の公務員ランナーが 伊藤国光を抑え区間賞の激走 **鞭馬講二**	91	心身のタフさが求められる 猛者も苦しむ最大の難所 **宗太郎峠**
71	低迷するチームを 学生と自衛官が復活に導いた **鹿児島県チーム**	94	社会人1年目 初挑戦の宗太郎越えで区間賞 **谷口浩美**
74	故郷の大声援を原動力に 16歳「カモシカ少年」が区間賞の活躍 **原西正直**	95	宗茂監督の声を胸に秘め パティシエに転身した名ランナー **佐保 希**

98	西本一也の区間新を呼び水に 初めて日間首位となった日 **熊本県チーム**	119	福岡、宮崎、山口勢以外で初 納戸賞に輝いた神懸かり的ラン **清水　昭**
99	4連続区間賞で新人賞を獲得 陸上人生を変えた九州路 **治郎丸健一**	122	九州路に「山の神」が降臨 八木山峠で驚異の走り **今井正人**
102	宗茂総監督に「うるせー」と叫んだ 負けん気も超一流の銀メダリスト **森下広一**	123	高尾、高岡、ワンジルらが 受賞の"自信"を糧に世界へ飛躍 **納戸賞**
103	安藤の区間賞が躍進を呼ぶ 36年ぶりに総合4位 **佐賀県チーム**	126	九電工勢が峠の激闘制し 劇的な逆転優勝をもたらす **城野直輔・松尾正雄**
106	「駅伝は心もつなぐスポーツ」 たすきに込められた先輩の思い **末吉範平・阿部祐樹**	127	雨中の激走で大逆転V 62年の歴史は最終区で決着 **前田和浩**
107	カネボウの東京移転で大敗 伝統復活にかける思い **山口県チーム**	130	九州路で世界と戦う力を培った 五輪メダリストが大歓声の中、感動のゴール **君原健二**
110	「宮崎修行」で飛躍し 沖縄勢最高の区間2位を記録 **下田　登**	132	すべての選手にドラマがあった―― **市民ランナーたちの活躍**
111	ロンドン五輪6位のプライド 凱旋の小倉入りで区間賞 **中本健太郎**	134	九州一周駅伝競走大会順位一覧表
114	福岡の黄金時代をけん引した 鉄とスポーツの都 **北九州の名選手たち**	136	第62回大会グラフ（第1〜4ステージ）
115	この年から36年間連続出場 選手、監督として福岡を率いた **井上文男**	138	区間賞獲得回数ベスト10 歴代納戸賞受賞者 九州一周駅伝を走った五輪選手
118	4日で3度出走し、2度の区間新 メキシコ五輪につないだ九州路 **佐々木精一郎**	140	第62回大会グラフ（第5〜8ステージ）
		142	あとがきにかえて
		奥付	付録CDの内容と使い方

※本文中は敬称略

1952.11.15
第1回大会・第1日

元五輪ランナーの執念で
世界最長の駅伝が開幕
金栗四三・納戸徳重

　晴天に飛行機雲が五つの輪を描いた。1964年10月10日、東京・国立競技場。日本初の五輪が開幕した。「感激、感動。胸を躍らせて開会式に参加した。晴れがましい気持ちとともに責任感が出てきた」。**君原健二**は、あの胸の高鳴りを今も忘れることができない。

　マラソンの**君原**、1万mの**渡辺和己**、5000mの**岩下察男**、3000m障害の**猿渡武嗣**、競歩の**三輪寿美雄**。東京五輪には九州一周駅伝で鍛え上げた選手たちが5人も名を連ねた。**渡辺**は「東京には死んでも出たかった」と当時を振り返る。

　マラソン審判主任を務めた**納戸徳重**も大会を待ちわびた一人だった。**納戸**は24年パリ五輪で400m、800m、十種競技で惨敗。「短距離は外国人にかなわないが、長距離なら練習次第で有利に戦える」。強い思いを胸に帰国し、28年に福岡県で開催された久留米～福岡間中学駅伝など多くの駅伝を手がけた。

　その**納戸**が西日本新聞社工務局長だった52年1月。同社で2年間温められてきた壮大なプランが、実現への大きな一歩を踏み出した。「九州一周はどうなっている？」。関係者の背中を押したのは、日本で初めて五輪に参加した伝説の名ランナー、**金栗四三**だった。

　箱根駅伝の生みの親でもある**金栗**は、熊本県生まれ。嘉納治五郎団長とともに海を渡った12年ストックホルム五輪の42.195kmでは途中で倒れた無念もあり、晩年まで長距離選手、特にマラソン選手育成に執念を燃やした実力者だった。

　同じ九州出身、東京高等師範学校卒で、パリ五輪もともにした**金栗**と**納戸**。家族ぐるみの親密な関係だった2人が動いた。地元九州を長距離強化の前線基地としたい**金栗**の強い意思を受け、**納戸**は当時の同社運動

部長、**正木敬造**とコースの実地調査、ルールづくりを急いだ。

　52年4月28日。サンフランシスコ平和条約が発効した日に、実施を知らせる広告を西日本新聞に掲載。10日間、全長1090.29km（当時）の「世界最長の駅伝」は瞬く間に話題をさらった。同年11月15日、スタート地点は長崎県庁前。当時1区は喜々津までの18.4kmで号砲が鳴った。

　「この大レースのスタートをみんものと沿道をうずめた数千の長崎市民の声援におくられ、郷土の栄誉を双脚にたくした各県選手は、坂の多い長崎市街を一団となって…」

　同日の夕刊は「沿道に熱狂の観衆」という見出しを付けて報じた。全10日間を取材した元社会部記者、**先川祐次**は「全コース、一度も沿道の観衆が途切れなかった」と93歳の今も当時の興奮を鮮明に覚えている。

　五輪のマラソンは東京で**君原**が8位。メキシコで**君原**、92年バルセロナでは**森下広一**が銀メダル。84年ロサンゼルスでは**宗猛**が4位、2012年ロンドンでは**中本健太郎**が6位に食い込んだ。1万mでも00年シドニーで**高岡寿成**が7位入賞。幾多の名ランナーを育み、のちにマラソン世界記録保持者も生んだ駅伝は、こうして62年続く歴史のスタートを切った。

故郷九州での長距離選手育成に情熱を燃やした金栗四三さん（左から2人目）と納戸徳重さん（左端）

1952
第1回大会

ファンを熱狂させた九州一周駅伝。第1回大会の最終日、西日本新聞社前のゴールに飛び込む福岡のアンカー高橋進さんは大観衆に迎えられた=11月24日、福岡市・天神

1965.11.15
第14回大会・第1日(1区)

「自信の塊」の世界記録保持者
圧倒的な区間新でスタートを飾る
重松森雄

　平和祈念像前を飛び出した25歳の世界記録保持者は他を全く寄せ付けなかった。「自信の塊だった」。第14回大会の第1日1区。当時福岡大4年生だった**重松森雄**は区間記録を1分以上も短縮して、15.1kmを楽々と駆け抜けた。5カ月前の1965年6月、英国ウィンザーマラソン。**重松**は前年の東京五輪でエチオピアのアベベが出した記録を更新する2時間12分0秒の世界記録（当時）をたたき出した。世界中を驚かせた快走だった。

　この14回大会、**重松**は大会規定で出場可能な4回を全て区間新で走った。最終日の第10日はアンカーで福岡・天神にゴール。福岡の12度目の優勝と、**重松**自身の世界記録を祝う紙吹雪が舞った。

　福岡工業高から入社した九電工1年目から出場。「（1大会で）4回目の出走は脚が動かない。だけど、限界と勝負して、初めて本当の限界が見つかる」。3年後に退社し、福岡大に進んだ後も九州路での鍛錬は続いた。

　出場を逃した東京五輪の男子マラソン。同い年の**君原健二**、**円谷幸吉**がアベベらと競う姿に対抗心が湧いた。連日、福岡市早良区の自宅から脊振山系を駆け上がり、尾根をつたって戻った。駅伝で鍛えた健脚で6時間走り続ける猛練習だった。

　無尽蔵のスタミナを武器に、65年4月にボストンマラソンを制覇。大分・九重連山での、たった一人の合宿を経て、ボストンから53日後に世界で一番速い男になった。

　後の五輪金メダリストも走った九州路だが、元世界記録保持者は**重松**だけ。岩田屋、サニックスで女子を指導し、73歳の現在もクラブチームに携わる。常識破りの猛練習と九州路での経験が、今も自信と誇りになっている。

2005.11.4
第54回大会・第1日(2区)

五輪金メダリストの規格外の走り
宮崎の25連覇を阻む
サムエル・ワンジル

　2011年5月、ケニアから衝撃的な訃報が届いた。北京五輪男子マラソンの金メダリストが自宅のバルコニーから謎の転落死。24歳で短い生涯に幕を閉じたのは、**サムエル・ワンジル**。福岡のトヨタ自動車九州時代の快走は今も伝説的だ。

　規格外のスピードだった。05年第1日2区の17.7km。33秒差で先行する首位宮崎を3kmすぎで捉えた。従来の記録を1分35秒も更新する50分59秒の驚異的な区間新。「本当にきつかったけど、沿道の応援がうれしかった」と汗を拭った。

　福岡は3区で**ワンジル**の同僚、**三津谷祐**も2位以下に大差をつけて日間首位。これで勢いづいた福岡は、宮崎の25連覇を阻んだ。トヨタ自動車九州監督の**森下広一**は「福岡が勝つための流れが欲しかった。**ワンジル**は圧倒的だった」と振り返る。

　大会中に19歳になった**ワンジル**は4度の出走でオール区間新。MVPの納戸賞を獲得した。「彼は日本で二つの我慢を覚えた」と**森下**。「きついときの我慢」と「行きたいときの我慢」——。駅伝からマラソンに挑戦し、北京で頂点に立った。

　「俺、稼いだお金はほとんど仕送りする。家族を食べさせないといけないから」。大会のゴール地点の福岡・天神での買い物も千円まで。仕送り先だった母国での死は、九州路での圧巻の走りからわずか5年半後のことだった。

1965
第69回ボストンマラソンで大会新で優勝した重松森雄さん

九州一周駅伝のスクラップブックを眺めながら当時を懐かしむ重松森雄さん＝2013年

2005
第54回大会

第1日2区で区間新を出し、3区・三津谷祐さんにたすきを渡す福岡のワンジルさん

1998.11.6
第47回大会・第1日（4区）

偉大なる先輩たちの記録に挑む
カネボウの速さの系譜
高岡寿成

　たすきだけでなく区間記録もつないだ。1998年の第47回大会。**高岡寿成**は第1日4区の13.1kmを快走した。山口県チームの主力だったカネボウの先輩、**早田俊幸**が第39回大会で樹立した区間記録を37秒も上回る37分6秒の区間新記録で区間賞。**早田**が塗り替える前の区間記録の持ち主は、カネボウの**伊藤国光**だった。

　伊藤、**早田**、そして**高岡**。日本長距離界におけるスピードランナーの系譜でもある。「縁を感じる」。笑顔で振り返った**高岡**にとって、**早田**は「駅伝で無類の強さを発揮していた」先輩だ。「**早田**さんの記録だから狙った。区間新は自信になった」。入社6年目。夏に5000mで13分13秒40の日本記録（当時）を出して勢いに乗っていた。

　トラック長距離で96年のアトランタ、2000年のシドニーと五輪に出場。シドニーは1万mで7位入賞を果たした。マラソンで五輪出場は逃したが、02年のシカゴでは今も日本記録の2時間6分16秒をマークした。

　「記録を通して先人と勝負できるのが歴史のある九州一周駅伝のよさ」と**高岡**。区間記録保持者らに挑んで成長の糧とした。第47回大会は**早田**に"勝った"後、第4日の2区でも区間新で区間賞。だが第6日の1区は脚を痛めてリタイアした。「調整も含め、いろいろ勉強させてもらった」

　06年に活動拠点を山口県防府市から東京都内へ移したカネボウ陸上部でコーチとして指導する選手のうち、九州一周駅伝経験者は1人しかいない。最後の号砲が迫り、43歳の**高岡**には寂しさが募る秋となっている。

2011.10.30
第60回大会・第1ステージ（1〜6区）

「マタハチ」からの脱却、躍進
60年目で初のステージ優勝を達成
長崎県チーム

　前回までの第1日にあたる第1ステージを制したのは、福岡でも宮崎でもなかった。2011年の60回大会。地元の長崎は4区**吉井賢**の区間賞で首位を奪い、5、6区は三菱重工長崎の**宮原卓**と佐藤歩。監督の**黒木純**の思いに応え、2人の教え子がトップを守ってステージ優勝を決めた。

　「宮崎、福岡が主力を並べる初日を取ってこそ、長崎も真の力がついたといえる」。**黒木**の信念だった。10日間72区間が8日間のステージ制に変わったこの大会。初日は7区間から6区間に短縮された。前年まで6区途中にあった長崎県佐世保市のハウステンボスがゴールとなった転機の大会で悲願はかなった。

　かつての長崎は「マタハチ（また8位）」と呼ばれた。20回から40回大会まで累計8位以下が18回。1993年、同社のマラソン部監督に旭化成から元マラソン日本記録保持者の**児玉泰介**が就任。その児玉がスカウトしたのが、箱根駅伝で旋風を巻き起こした山梨学院大の主将、**黒木**だった。

　宮崎県出身。実家は九州一周駅伝のコース沿道にあった。「『えっさ、ほいさ』というかけ声にも憧れた」。初出場した43回大会で長崎は累計4位に浮上。監督就任後の52回大会から同3位を守り、翌年以降は計7度の日間首位も記録した。

　装いを新たにした60回大会のレース前夜。黒木は「新しい長崎をつくろう」と呼びかけ、選手たちも応えた。「やっとここまでこれた」。山口や九州各県の背中を追い、24連覇を果たした宮崎、福岡の2強に挑み続けた長崎の「最高の一日」だった。

15

1993
第42回大会

九州一周駅伝初出場だった1993年。第6日の6区で先輩の早田俊幸さんからたすきを受ける山口の高岡寿成さん(右)

現在はカネボウのコーチを務めるとともに、日本陸連の男子中長距離・マラソン部の長距離担当として後進の指導に当たっている高岡寿成さん＝2013年

練習で選手たちのタイムを厳しい表情で計る三菱重工長崎の黒木純監督＝2013年

2011
第60回大会

第1ステージ6区、雨にぬれた
ハウステンボスの石畳を走る
佐藤歩さん

1981.11.6
第30回大会・第1日（1〜7区）

「初日は絶対に取る」強い思いが24連覇への第一歩を刻んだ
宮崎県チーム

　「24連覇」への第一歩だった。第30回大会の第1日7区。宮崎がライバル福岡に7分7秒もの大差をつけて佐世保市役所前にゴール。区間賞で駆け抜けた**姫野重行**は、3年ぶりの総合優勝を飾る最終日のテープも切ることになる。

　前年は累計タイムで福岡とわずか2分3秒差の2位。その悔しさが原動力だった。早岐中継所で**姫野**につないだ**宗茂**も区間賞の力走。選手、総監督としても宮崎を支えた**茂**は「先手を打つ。1日目は絶対に取らないといけない」と強調する。

　茂は1971年、双子の弟、猛と大分・佐伯豊南高から旭化成に入社。入社1年目の20回大会でデビューしたが、1回目の第2日2区で区間3位と惨敗。第5日1区、旭化成の本拠地延岡入りする第7日1区も勝てず、4回目の第9日5区で獲得した区間賞は「時すでに遅し」だった。この大会で総合優勝を福岡にさらわれ、**茂**は「お前のせいで負けたって言われてねぇ」と苦笑いする。「（当時の）選手層は福岡が上。前半で大差をつけて戦意を喪失させないといけない」。九州路の"鉄則"を18歳で思い知らされた。

　旭化成を中心に勝ち続けた宮崎の総監督時代は、実業団駅伝などの「選手選考会」としての位置付けを強め、緩みがちだった宮崎の緊張感を維持。出走区間に「立候補制」を取り入れるなど、選手にも自覚を促した。

　「（シドニー五輪男子マラソン代表の）**川嶋伸次**など、九州一周で良さを見いだした選手もいる」と**宗茂**。21度の全日本実業団対抗駅伝優勝を誇る"旭化成王国"は、九州路でその強さを磨いた。

1986.11.1
第35回大会・第2日(1区)

〝新人区間〟でベテランが復活
新人森下を振り切り区間新
井手健二

　主力がそろう第1日と違い、若手の出走が多い第2日。中でも距離が短い1区は「新人区間」と呼ばれる。「勢いのある若手に自信を付けさせる区間。ただ、決して簡単ではない」と宮崎の総監督を務めた**宗茂**。2003年の52回大会で宮崎は18歳の**大野龍二**が区間賞。翌年のアテネ五輪の1万m代表へと飛躍した。

　1992年バルセロナ五輪の男子マラソン銀メダリスト、宮崎の**森下広一**もこの区間で九州一周デビューした。19歳だった86年の35回大会。

　ライバル福岡は九電工入社から7回目出場のエース**井手健二**。82年のアジア大会1万mで銀メダルを獲得した27歳の予想外ともいえる出走だった。翌83年には世界選手権ヘルシンキ大会の5000mにも出場し、選手として円熟期を迎えていた**井手**だが、85年9月に肝炎を患い、約1カ月半も入院。常連だった九州路も欠場した。「立つのもつらい状況から少しずつ走り始めた」。不安の中、まずは短い距離での実戦復帰が決まった。

　6km付近の坂の上りで**森下**を振り切り、駆け下りた後の残り1km。ＪＲ大塔駅付近には叔母の自宅があった。「親戚の顔と声を聞いたら元気になった。一番、きついところで助けられた」。病み上がりの体を心配し、佐賀県伊万里市から駆けつけた母の待つ中継所には区間新で飛び込んだ。

　井手はこの大会後も6回出場し、計22個の区間賞を積み上げた。若手躍進の舞台で、ベテランが鮮やかな復活劇を演じた。

1981
第30回大会

第10日7区も姫野重行さんがトップで福岡・天神にゴールし、宮崎の24連覇が始まった

1986
第35回大会

第2日1区で区間新記録の力走を見せた井手健二さん

2003
第52回大会

第2日1区でデビュー戦を区間賞で飾った大野龍二さん

1993.11.6
第42回大会・第2日（2区）

引退を胸に臨んだ出走で
その後の人生を変えた区間賞
川嶋伸次

　「最後」のはずだった九州路が、**川嶋伸次**の人生の転機となった。1993年の42回大会。「この後、12月の福岡国際マラソンで引退するつもりでした」。ところが、4度出走し3度の区間賞で宮崎の優勝に貢献。この快走が2000年シドニー五輪へとつながった。

　日本体育大から89年に旭化成に入社。最初の4年間は期待を裏切った。91年の第5日1区では区間7位と惨敗し、**宗茂**監督に地元宮崎へ強制送還されたほどだった。だからこそ、この大会の初出走となった第2日2区が忘れられないという。

　「やめる覚悟だったので肩の力が抜けたのがよかった。驚くほど体が軽かった」。2位から快調に追い上げると、監察車から「区間賞を狙え」と声が飛んだ。「初めて駅伝を走っている気持ちになれた」と、初体験の高揚感を振り返った。

　12.3kmを36分38秒で駆け抜けた区間賞。89年の別府毎日大分マラソンを制した山口の**清水悟**を4秒上回った。「粘って粘って…。秒差での競り合いがこんなに楽しいなんて」。これ以降は重要区間を任され、ますます駅伝に魅了された。

　この大会で自信をつけた**川嶋**は12月の福岡国際マラソンで日本人トップの5位となり、現役続行を決意。7年後のシドニー五輪では42.195kmを走り抜いた。01年の現役引退後は東洋大監督を経て、旭化成のコーチを務める。「最後の大会を目に焼き付けたい」。九州路への愛着は今も変わらない。

2011.10.31
第60回大会・第2ステージ（3区）

草創期から大会を支えてきた
窯元ランナーからの贈り物
松尾 一

　有田中継所を飛び出した3区のランナーは陶磁器の商店や窯元が並ぶ焼き物の里を駆け抜ける。有田焼と力走する選手たちのコラボレーションは秋の風物詩となり、その写真は毎年のように西日本新聞で掲載された。

　戦いが8日間のステージ制となり、名前も「グランツール九州」と変わった60回大会。参加選手全員に有田焼のカップが贈られた。「有田焼の魅力を知ってほしい。大会も衣替えをした60回がいい機会だと思って」。大会草創期から九州一周駅伝に関わってきた**松尾一**からだった。

　同中継所近くに住む**松尾**は現在79歳。有田工業学校（現有田工高）から町内の窯元に就職。1回大会の予選会に挑み、2回大会から佐賀の主力の一人だった。11回大会は最終日4区を区間5位で走り、5年続いた累計の最下位脱出に貢献。主将だった13回大会でチームを同3位に導いた。

　37歳だった20回大会まで九州路を走り、翌年からは同中継所の審判員になった。選手の着順やタイムの確認が主な仕事だったが、「選手が最大限の力を発揮する環境づくりに気を使った」。通過予定時刻の2時間前に中継所に行き、選手控室を準備。「商店街を抜けると急に風が強くなる」とアドバイスした。

　「九州一周は市民ランナーにとっては大きな目標。大会がなくなるのはかわいそうですね」。生涯をかけて育んだ九州一周。**松尾**は選手の気持ちを代弁するかのようにため息をついた。

1994
第43回大会

42回大会で飛躍した川嶋伸次さんは宮崎の柱となり、43回大会第10日では宮崎のアンカーを務めた

2006
第55回大会

有田の街で競り合う佐賀と大分の選手

東京・旭化成本社で現役時代を振り返る川嶋伸次さん＝2013年

選手時代のプログラムと有田焼のカップを前に九州一周駅伝への思いを語る松尾一さん＝2013年

1952.11.16
第1回大会・第2日(4区)

宮崎で受け継がれる「激走」魂
その源流は4日連続の区間賞にあり
松元三郎

　宮崎の主力を担う旭化成の選手がよく口にする言葉がある。応援の横断幕などにも登場する「激走」。その源流は1回大会にあった。第2日、宮崎は前日に走った選手を4人も起用。その1人だった**松元三郎**はこの大会で周囲の度肝を抜いた。

　武雄中継所で**浅井正**からたすきを受け、4区で2日連続の区間賞。**松元、浅井、広島庫夫、小野憲世**は第1日から4日連続の出走。**松元**は4日連続区間賞という離れ業を成し遂げた。1大会の出走可能回数は59回大会まで4度（60回大会以降は3度）だが、松元の「4日連続」の偉業が破られることはなかった。

　宮崎の主力は4日間を走り終えると、夜行列車で神奈川県に向かった。「実は鎌倉駅伝と重なっていて、（九州一周の）後半は走れんかったんですよ」。第8日4区がこの大会初出走だった**奈須又一**は内幕を明かす。

　旭化成勢の主力を失った宮崎は、第6日に福岡に首位を譲った。当時は炭焼きとシイタケ栽培で生計を立てていた「農業ランナー」の**奈須**の力走も及ばず、大会終盤には山口にも逆転された。

　後に旭化成入りした**奈須**は、5回大会でも「激走」を目撃する。第3日5区で**宇和博**がふらふらになると、監督は監察車に同乗していた**奈須**に「伴走せい。ただし、棄権になるから、絶対に**宇和**を押すなよ」と命令。監督自身も監察車を降り、「しっかりせい」と**宇和**に焼酎を吹きかけた。

　累計3位だった1回大会から、脈々と「激走」の魂は受け継がれた。九州路で熱い走りを見せ続けた宮崎は、62回大会まで最多の36回の優勝を重ねた。

1953.11.21
第2回大会・第2日(5区)

九電工陸上競技部の礎を築いた
部員第1号の五輪ランナーがデビュー
西田勝雄

　九州に戻った五輪ランナーは、1953年の2回大会の第2日5区でデビューした。**西田勝雄**は肥前山口〜佐賀でいきなり区間新記録。翌年、小城に中継所が新設され、コースが変更。15.52kmだったこの区間に残る最後の記録となった。

　福岡市出身。現在の九電工陸上競技部の礎を築いた名ランナーは、中央大在学中の52年にヘルシンキ五輪男子マラソンに出場した。「卒業後は九州に帰りたい」という願いを受け、53年に九電工に「マラソン部」が誕生。同年に入社した**西田**が部員第1号となった。

　「普段は穏やかな顔をしているが、レースになると人が変わる。後半に強く、かっつあん(西田)がペースを上げたらとても追いつけなかった」。2001年に永眠した**西田**を懐かしそうに思い返すのは**堺俊一**。九電工駅伝チームの同僚だ。

　西田は九州一周駅伝に4度出場。福岡の主力として全て優勝に導き、2回大会と7回大会は最終日のアンカーも務めた。その間、ボストンで2年連続入賞を果たすなどマラソンでも大活躍。「マラソンにスピードは不可欠。(駅伝は)マラソンへの生きた訓練になった」と語っていた。

　指導者としても、後輩の**渡辺和己**や**佐々木精一郎**を五輪マラソンの舞台に送り出した。九州一周駅伝も8回大会から福岡の監督を通算11度務めた。「この人がいなかったら今の陸上部はない」と**堺**。九州路に幾多の名ランナーを送り込んだ九電工陸上競技部。創部60周年を迎えた強豪の第一歩を刻んだのが、**西田**だった。

1952
第1回大会

4日連続区間賞の偉業を成し遂げた
松元三郎さん(後方)

1958
第7回大会

福岡が優勝した7回大会で最終日のアンカーを務めた西田勝雄さん(右)

旭化成のクラブハウスで「激走」と書かれた色紙を見つめる奈須又一さん＝2013年

九電工陸上競技部の記念誌をめくる堺俊一さん＝2013年

1952〜2010
第1〜59回大会・第2日（4区）

※第3回以降、小城ルートに変更

「駅伝が終わらないと正月がこない」
福岡チームを癒して60年
旅館あけぼの

　福岡県チームの宿舎として、60年近く親しまれた。1952年の1回大会から2010年の59回大会まで、選手たちは佐賀市の「旅館あけぼの」で疲れを癒やし、旅立った。「私たちにとっても年中行事。駅伝が終わらないと、正月がこない感じだった」。4代目社長の**音成日佐男**は笑う。

　1889年創業。九州一周駅伝第2日のゴールで、第3日のスタートだった佐賀県庁前から徒歩5分と近く、選手宿舎に最適だった。大会の時期は約150枚の小旗で建物を飾り、選手を迎えた。祖父の**竹次**、母の**美代子**、日佐男と続いた旅館の恒例行事だった。

　約50人の選手と関係者が宿泊する当日は貸し切り。栄養のバランスを考え、夕食は野菜が多めのすきやきで選手たちの体調を整えた。第3日のレースに備えて午前3時から食事の準備を始め、同9時にスタートする選手の早い朝食に備えた。約50人分の昼食の弁当も心を込めてつくった。

　選手の意外な素顔にも接した。**日佐男**の高校生時代、夜中に地震があった。旅館に隣接した自宅から逃げ出すと、東京五輪男子マラソンに出場し、福岡のエースだった**君原健二**も慌てて外に出てきた。「あの君原さんも怖いものは怖いんだ。普通の人なんだ」。憧れのランナーの浴衣姿が今も忘れられないという。

　自宅には1回大会からのパンフレットが保管されている。「物心がついたころから、駅伝は身近なものだった。（大会の閉幕は）寂しいものですね」。65歳となった**日佐男**は、妻の**洋子**と九州一周駅伝の思い出話をするのが何よりの楽しみだという。

2009
58回大会・第3日（3区）

累計距離は1人で1周
〝沖縄の鉄人〟に沿道からエール
平田清健

　出走累計距離は歴代トップとなる1265.5km。1000km余りの九州路を「1人で1周」した数少ない選手の一人が、「沖縄の鉄人」と呼ばれる**平田清健**だ。出場29回、出走累計88区間も歴代トップ。記録にも記憶にも残る名物ランナーだった。

　大会中に50歳の誕生日を迎えた2009年の58回大会。第3日3区を激走した。順位こそ最下位だったが、沖縄を支え続けたベテランに沿道から温かい声援が飛んだ。佐賀から熊本入りする第3日は27歳で1区、32歳で2区に初出走した思い出のコースでもあった。

　九州路を初めて走ったのは、21歳だった1980年の29回大会。第10日1区では宮崎の**宗猛**と同じスタートラインに立った。「あっという間に突き放された」。区間新の快走だった**宗**に対し、**平田**は4分31秒差を付けられての最下位だった。

　それでも、**平田**は33年前の記憶を笑顔で振り返る。「スター選手と勝負できるなんて。本当にうれしかった」。平成に時代が変わると、親子ほど年の離れたライバルと走ることも増えたが、九州路は「自己表現の場であり青春」であり続けた。

　現在54歳。10年以降は腰痛などのために出場を逃しているが、今も1日10kmをノルマに地元の沖縄県宜野湾市を走る。62回大会の開催期間中は「もちろん走りますよ。自分も出場しているつもりで」。孫が4人いるおじいちゃんランナーは、遠い南の島で"最後の九州路"を走る。

九州一周駅伝のパンフレットを見ながら笑顔を見せる「旅館あけぼの」社長の音成日佐男さんと妻の洋子さん＝2013年

1979
第28回大会

第2日最終区で宮崎を抜き、トップで佐賀県庁前にゴールインする福岡の水上則安さん

2009
第58回大会

第3日2区の都甲渓（左）からたすきを受け、駆け出す3区の平田清健さん

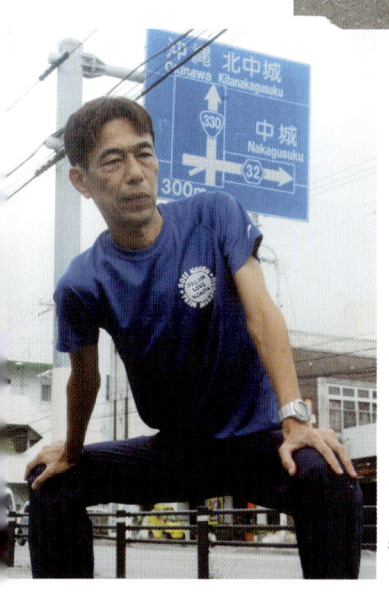

50歳を超えた今も1日10kmをノルマに走り続ける平田さん＝2013年

1967.11.12
第16回大会・第3日(4区)

〝超一流〟のランナーを破った
輝かしい区間賞の記憶
末次康裕

　超一流のランナーに競り勝つ喜びを知った。選手、指導者として佐賀を支え続ける**末次康裕**にとって、1967年の16回大会は輝かしい記憶だ。第3日4区で区間賞。前年の同区間で区間新を出した宮崎のエース**広島日出国**に20秒差をつけた。

　この快走の6年前。福岡大1年で61年の10回大会に初出場したが、デビュー戦の第1日3区で区間6位。佐賀も5年連続5位に沈んだ。「誰にも負けたくなかった」。負けん気の強い不屈のランナーは、この悔しさもバネにして成長した。

　出会いもあった。大学2年春、後にマラソンの世界記録を樹立する**重松森雄**が福岡大に入学。練習相手となり、着実に力を付けた。62年の11回大会では第3日1区で初の区間賞。佐賀は最下位を脱出し、大学4年時には3位に躍り出た。

　卒業後は故郷佐賀で教諭になった。「(福岡大時代は)汽車とバスで通学に3時間かかったが、この時間を朝練習に充てられた」。公務員などランナー仲間に声を掛けて合同練習を主催。15、17回大会でも3位と、躍進する佐賀をけん引した。38歳で出場した29回大会は第6日1区でも1位と同タイムの力走。「アマチュアに引退はないと思っていた」。40歳まで走り、その後は佐賀の総監督も務めた。「仲間意識を高めれば、責任感が生まれる」。チームワークで上位に挑み続けた。

　「九州一周を強くしたい」と佐賀県陸上競技協会理事長に就いて10年目の2012年。佐賀は自身が走った25回大会以来、36年ぶりの累計4位を獲得。71歳の情熱家は「九州一周で佐賀の長距離はレベルアップできた」と誇った。

1993〜2001
第42〜50回大会・第3日（5区）

最長区間で本領を発揮した
宮崎黄金期の名ランナー
真内 明

　宮崎の黄金時代を支えた実力者は、九州一周駅伝の「最長区間」で誰よりも輝いた。20kmを超える船小屋から大牟田の第3日5区。**真内明**は1993年の42回大会から9年連続で出走し、96年の45回大会から5年連続で区間賞に輝いた。

　当時の宮崎は**谷口浩美**や**森下広一**など世界レベルの豪華メンバーを誇った。宮崎のエース級は初日、第4日、地元延岡入りの第7日、最終日の4度出走が通例。**真内**は谷間の第3日、第6日、第9日の長距離区間を任されることが多かった。

　「駅伝はそういう区間も大事。僕に日が当たることはそんなに多くなかったけど、強い宮崎の中で仕事を全うできたことは誇れると思う」。**真内**は穏やかな笑みを浮かべた。宮崎の無敵の24連覇を支えたのは、いぶし銀の名ランナーだった。

　大分・鶴崎工高から90年に旭化成に入社。九州一周駅伝は社会人1年目から13度出場した。「10日間で3回、長い距離を真剣勝負で争うことはマラソンのいい練習になった」。男子マラソンの日本記録保持者で、山口のエース**高岡寿成**らと競うことで力を伸ばした。

　97年のアテネ、99年のセビリアと2大会連続で世界選手権の男子マラソンに出場。「僕は九州一周駅伝に育てられ、世界の舞台に立てた。力がなくてもコツコツと練習を積み重ね、駅伝で強くなれた」。九州路から世界へ羽ばたいた男は、現在は福岡のトヨタ自動車九州のコーチ。旭化成時代の先輩で、監督の**森下広一**を支えている。

1970

第19回大会

最終日のアンカーで区間2
位となった末次康裕さん

九州一周駅伝を語る佐賀
県陸上競技協会末次理事
長の口調は熱い＝2013年

2000
第49回大会

粘り強い走りを武器にして、長距離区間で力を発揮した真内明さん

現在はトヨタ自動車九州のコーチを務める真内さん＝2013年

1992.11.1
第41回大会・第3日（5区）

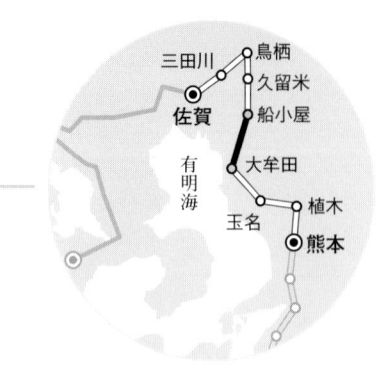

コース短縮で消えてしまった
驚異の区間新記録
早田俊幸

　驚異的な区間記録の寿命は短かった。1994年の第43回大会の開会式。大会を運営する西日本新聞社開発事業部（当時）の**野中嶺雄**は、山口の**早田俊幸**に説いた。「悔しいのは分かるが、仕方なかったんだ」。第3日5区を短縮、変更したことの説明だった。

　歴史あるエース区間が21.4kmだった2年前の第41回大会で、**早田**は従来の記録を1分46秒も縮める60分15秒の区間新をマーク。ところが、同区が1km短縮した新コースに変更されたことで、この記録は43回大会以降は消える運命となった。

　かつて**君原健二**、**伊藤国光**らが走った20kmを超える伝統の区間。野中ら関係者にとっても無念の変更だった。旧コースの中継所付近は交通渋滞が深刻化しており、事故の危険性もあった。このため、中継所を手前にして20.4kmに変更した。

　コース変更は、53年の2回大会から多くの区間で何度も繰り返されてきた。道や中継所の建物がなくなるなどの道路・交通事情の変化が理由の大半だった。九州一周駅伝創設の中心人物、**納戸徳重**と当時の西日本新聞社運動部長だった**正木敬造**は2回大会以降も自動車で九州を巡り、道路状況を念入りにチェック。より走りやすく安全なコースに近づけていった。

　60回大会からはステージ制のグランツール九州に衣替えした大会。選手の無念の気持ちをくみ取りつつ、関係者は時代の変化に合わせて、幾重にも"九州路"を塗り替えてきた。

　　　　　・・・・・

　埼玉県内にある公園のジョギングコースで、先頭に立って集団を引っ

張っていた。「リスタートランニングクラブ」の練習会。長距離走のペースメーカーを務めるコーチの**早田俊幸**は、九州一周をはじめとする駅伝で「ハンター」の異名を取った。視界に捉えたランナーを抜く闘争心とスピード。マラソンでは２時間８分７秒をマークした。

　45歳の今、ホンダの狭山工場（埼玉県狭山市）で働きながら走り、大会に出場する。「走る楽しさ、厳しさを教えてくれたのが九州一周駅伝だった」。県立岐阜商高２年の冬に野球部から陸上部に移った**早田**は卒業後、実業団のカネボウへ。同社を退社するまで山口県のエースとして活躍した。

　「先を行くランナーが見えたら抜きたい。区間新記録と自分の名前を残したい。その一念で走っていた」。1992年の41回大会。第３日の５区（21.4km）で区間記録を11年ぶりに塗り替える60分15秒の区間新で区間賞を獲得した。自信をつかんだ翌年、同じ第３日の６区（20.5km）では宮崎の**谷口浩美**に「うまさとしたたかさを学んだ」。追い付いて先行したが、ラストで抜き返された。区間賞は手にしたものの、チームをトップに引き上げることはできなかった。日間首位が遠のき、苦い思いを味わった。

　「寂しかった」と振り返る"出来事"も。九州一周駅伝は悪化する交通事情対策で、中継所を変更することがあった。距離が変わる新コースでは区間記録争いも再スタートに。第３日の５区は43回大会で新コースとなり、**早田俊幸**の名は消えた。

1967
第16回大会

世界記録保持者の重
松森雄さん(左)も第
3日5区を走り、6区君
原健二さんにつなぐ

1990
第39回大会

第3日5区で熊本をかわした早田俊幸さん。「ハンター」の異名で恐れられた

1976.11.14
第25回大会・第3日(6区)

休んだ2kmを後悔した
幻の区間新記録
宗 猛

　誰にも破られていない不滅の大記録がある。第3日6区の20.5km。37年前の25回大会で鹿児島の**浜田**安則が刻んだ区間記録を見ると、宮崎の**宗猛**は悔しさがこみ上げる。「自分も**浜田**さんに近い記録が出せていたかも」。痛恨の"空白の2km"があったからだ。

　25回大会があった1976年の11月14日。正午の気温は8.5度。ウインドブレーカーを着込んで出走準備をするほど肌寒かった。トップの山口と1分44秒差の3位で双子の兄、**茂**からたすきを受け、一気に福岡をかわして中間点で山口に並んだ。「そこで少し休んじゃって」。約2km、力を蓄えてからスパート。58分49秒は、22回大会で**茂**がつくった区間記録を58秒更新していた。

　「これは驚異的な記録だろう」。胸を躍らせた**猛**だったが、その直後に4位の鹿児島の**浜田**がたたき出したタイムを見て愕然とした。**猛**を上回る58分39秒。「10秒差…。あの2kmを休んでいなければ」。26回大会は気温は前年を大きく上回る25.8度。暑さに体力を奪われ、前年の記録より6分近く遅れた。27回大会以降も**浜田**はもちろん、**猛**の記録に迫る選手すらいなかった。

　「(九州一周駅伝では)**浜田**さんに負け、**伊藤国光**に負け、僕は2位が多かった」。五輪の男子マラソンも、76年のモントリオール五輪は兄の**茂**だけが出場。双子で代表権をつかんだ80年モスクワ五輪は日本が参加をボイコット。悔しさを糧にした**猛**は、84年のロサンゼルス五輪で**茂**と**瀬古利彦**を上回る4位に食い込んだ。

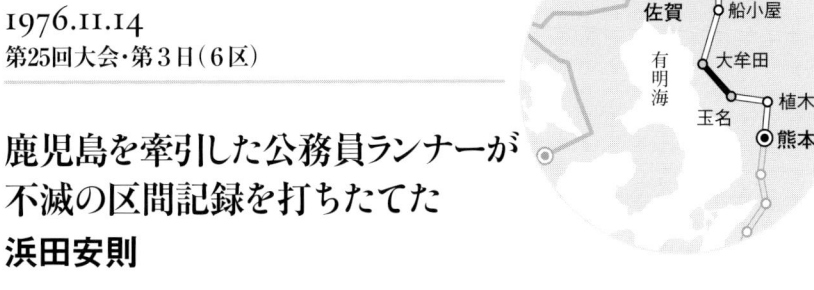

1976.11.14
第25回大会・第3日(6区)

鹿児島を牽引した公務員ランナーが
不滅の区間記録を打ちたてた
浜田安則

　最古の区間記録は1976年に生まれた。25回大会第3日6区。鹿児島のエースとして長く活躍した**浜田安則**は、レース直後の光景を鮮明に覚えている。中でも当時の旭化成監督で、宮崎を率いた**広島日出国**の驚きの表情は印象的だった。

　広島「いくらで走った？（宗猛に）相当負けたろう」
　浜田「いや、ちょっと勝ったみたいですよ」
　広島「うそやろ…」

　6位でたすきを受けた**浜田**は、5分23秒先に中継所を出た3位宮崎の**宗猛**を目の前にイメージした。「必死こいて、でも力まず」。起伏に富む20.5kmを58分39秒。**宗猛**も従来の記録より58秒速かったが、それを10秒も上回った。37年後も残る大記録だった。

　当時は鹿児島中央高教諭。独自の練習を積んだ公務員ランナーの先駆者は、駅伝に心を鍛えられた。「気が乗らないとレースを投げてしまうことがあったが、駅伝は人に迷惑がかかる。福岡、宮崎、山口の選手への対抗心も潜在能力を引き出してくれた」と振り返る。

　初出場は65年。第1日1区で4位。福岡の**重松森雄**に2分1秒差をつけられた。そこから歴代8位の区間賞33度。指導者として日本陸連強化委員も務め、**山下佐知子**や**市橋有里**らを五輪女子マラソンに送り込んだ。高地トレーニング導入を立案し、中国の馬軍団の合宿に飛び込みもした。

　現在67歳。東京都内で暮らし、一橋大や国立高などで教える。「こないだ一橋の学生と走ったらね、俺、遅いなぁって…」と笑うが、昨年の走行距離5000km。「最古の記録」の持ち主は、生涯ランナーであり続ける。

1976
第25回大会

宗茂さん(左)からたすきを受ける宗猛さん

1978
第27回大会

第4日、1区8km地点でデッドヒートを繰り広げる宮崎・宗猛さんと鹿児島・浜田安則さん

選手たちの体操につきあう宗猛さん。宮崎の監督として最後のグランツール九州に臨んだ＝2013年

最古の区間記録をマークした1976年の25回大会を回顧する浜田安則さん＝2013年

1954.11.21~22
第3回大会・第3日（6～7区）

取材の「難所」田原坂が
人生の〝分岐点〟に
取材記者

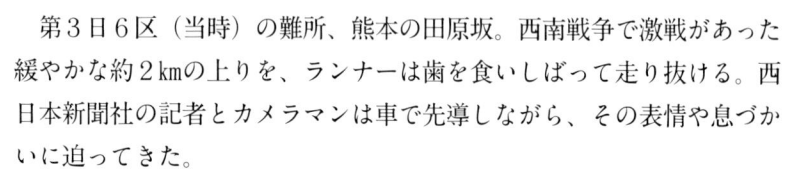

　第3日6区（当時）の難所、熊本の田原坂。西南戦争で激戦があった緩やかな約2kmの上りを、ランナーは歯を食いしばって走り抜ける。西日本新聞社の記者とカメラマンは車で先導しながら、その表情や息づかいに迫ってきた。

　1954年の3回大会を取材した**藤吉保徳**は「未舗装の道路がほとんど、土ぼこりと排ガスが鼻と口に直接入ってきた」と思い出す。現在はワンボックス車だが、初期は窓がないジープ型の車で取材。記者たちにとっても取材の〝難所〟だった。

　田原坂を越え、続く7区のゴールと第4日のスタート地点が熊本。宮崎が日間首位を奪った第3日の記事を急いで書き上げ、**藤吉**は熊本市内の宿舎の風呂で土ぼこりを洗い流した。待っていたのは九州路を利用した「お見合い」。先輩記者が自分の妻の妹で、同市に住む女性を紹介してくれた。

　当時**藤吉**は事件や事故を扱う社会部の記者で、休日に会社のある福岡から熊本に出かける余裕はなかった。九州一周駅伝の取材は、思いがけないチャンス。体はきれいに流したが土ぼこりと排ガスにやられた喉は治せなかった。ガラガラ声で何とか話をつないだ。

　現在88歳の**藤吉**は「思い出せないなあ」ととぼけるが、別の先輩記者、**先川祐次**によると「その娘に一目惚れしちゃったみたいだねぇ」。**藤吉**は、翌日の第5日に取材を〝九州半周〟で終えると、その娘に手紙でアプローチを開始。翌年、お見合い相手だった明子と結婚した。

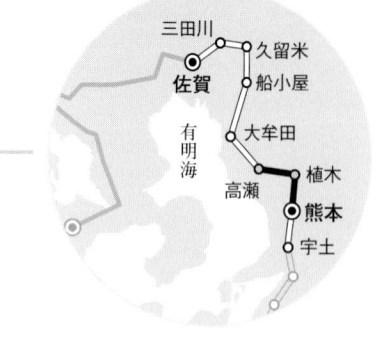

1992.11.2
第41回大会・第4日(2区)

大会関係者が青ざめた「踏切飛び越え」事件
ルール改正の歴史

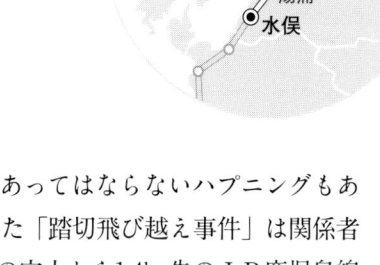

　半世紀を超える九州路の歴史には、あってはならないハプニングもあった。中でも1992年の41回大会で起きた「踏切飛び越え事件」は関係者を青ざめさせた。第4日2区。中継所の宇土から1.4km先のJR鹿児島線の踏切が舞台だった。

　ある選手が踏切に差し掛かったとき、特急列車の通過に備えて遮断機が下りた。しかし、タイムと闘う選手は危険を顧みずに先を急いだ。特急列車が迫る中、遮断機を飛び越えた選手はコースを走り去ってしまった。

　1回大会から審判員となり、審判長も務めた**井上慎一郎**は車で選手の後ろにいたが、そのときのことを「止める間もなかった」と振り返る。大会関係者は警察から厳しい注意を受けて、翌年にはルールを改正。踏切で足止めされたタイムは差し引かれることになった。

　現実に即したルール改正には、レース中の給水もある。93年の42回大会後に宮崎総監督だった**宗茂**が提案。井上は気温の変化を調べて「20度を超す日も増え、昔と比べ暑くなった」と判断。駅伝での給水は前例が少なく反対もあったが、94年からの採用を決定。97年に給水を採用した箱根駅伝よりも早かった。

　井上は「選手の安全が第一。最後まで無事に終わることだけを考えていた」と力を込める。ルールやコース、選手の健康まであらゆる可能性を考慮して、ハプニングに対応。1000kmを超える「世界最長」の駅伝は、常に「よりよい大会」を模索してきた。

1968
第17回大会

田原坂を力走する佐賀の選手。監察車だけでなく、取材車もジープ型だった

資料を見ながら、当時を懐かしむ藤吉夫妻＝2013年

1996
第45回大会

熊本県宇土市のJR鹿児島線
踏切で足止めされた選手たち

記録ファイルを手に当時を
振り返る審判長などを務め
た井上慎一郎さん＝2013年

2004.11.8
第53回大会・第4日（3〜4区）

「呉越同舟」の強化策が実り
長崎が初の日間首位に輝く
定方次男・児玉泰介

　教え子の**森勇気**が3区でトップに立ってたすきを運ぶ。長崎とコマツ電子金属の監督、**定方次男**の予感は徐々に確信へと変わった。4区も教え子の**田中雄規**。「11月にしては暑かった。我慢比べだった」と振り返る**田中**も区間賞を奪った。

　2004年の53回大会第4日。長崎はこのままトップを守り、史上初の日間首位を獲得した。**定方**ら監督陣は相手を徹底研究し、直前合宿で「第4日を取る」と選手に宣言。**定方**は「トップを走る喜びを知ってもらえた。それが何よりうれしかった」と目を細める。

　定方は東洋大から福岡の安川電機に進んだ。福岡で出場した九州一周駅伝で「マタハチ（また8位）」と呼ばれる長崎が歯がゆかった。「控室でも隅っこ。県代表なんだから胸を張っていればいいのに」。故郷への思いは強くなっていった。

　29歳で、長崎県大村市のコマツ電子金属に監督就任を打診された。「迷いはなかった」。1993年の九州路。旭化成コーチから三菱重工長崎の監督に就いた**児玉泰介**とともに監督兼選手として長崎から初出場した。

　定方と**児玉**は実業団のライバルだったが、長崎強化のためなら「呉越同舟」で知恵を出し合った。「選手の出し惜しみもしない。夜遅くまで**児玉**さんと区間配置を話し合った」。53回大会は暑さに弱い**田中**が初の区間賞。初の日間首位は強化の結晶だった。

　コマツ電子金属は社名が変わり、「ＳＵＭＣＯ」として活動。その陸上部も**定方**が監督を退いた後の2012年7月末で廃部となり、選手のほとんどは県外に移籍した。「寂しいよ」。2013年。心血を注いだ九州一周も終わった。

1993.11.8
第42回大会・第4日(5〜6区)

銀メダリストの涙が物語る
宮崎黄金期の「緊張感」
森下広一・竹下雄二

　黄金時代を築いていた宮崎に激震が走った。1993年の42回大会第4日の5区。前年、バルセロナ五輪の男子マラソンで銀メダルを獲得した**森下広一**をアクシデントが襲った。「石をぶつけられたような感じ」と振り返る嫌な感覚だった。

　1.5kmすぎ。左ふくらはぎの肉離れだった。痛みに耐えて9km付近まで走ったが、ここが限界だった。当時の途中棄権に関する規定は「他の走者がその区間を走り直すか、次の走者がその残りと自己の受け持ち区間を走る」。監察車で**森下**のところに急いだのは、6区の**竹下雄二**だった。

　監察車では、総監督の**宗茂**が「くそー」と何度もつぶやいていた。**竹下**は**森下**からたすきを受け取ると、5区の残り約3kmを走り、6区の10.8kmを駆け抜けた。「気持ちを無駄にしたくない」。**森下**が棄権した時点の3位をキープして、最終7区につないだ。

　「たすきを受けると責任感がどっかりくる。(中継点で)渡せなかったことが悔しかった」。**森下**が**宗**の胸で号泣したこの日、宮崎は福岡に累計で4秒差に迫られた。翌日逆転を許したが、再逆転で13連覇を飾った。

　沖電気宮崎の所属だった**竹下**は「実業団などで勝ち続ける旭化成の緊張感に身を置くことで、ランナーとして成長できた」と振り返る。**竹下**が感じた「緊張感」は、九州路での銀メダリストの涙に凝縮されていた。

　大会後、**宗**は当時の規定に疑問を投げ掛けた。その2年後。「棄権した場合は区間最下位の記録に5分プラスしたタイムが記録となる」と独自の規定ができた。

2004
第53回大会

第4日3区の9kmすぎで宮崎を抜き去る長崎の森勇気さん

故郷長崎の強化に心血を注いだ定方次男さん(左)と「SUMCO」の廃部を機に第一線を退いた田中雄規さん＝2013年

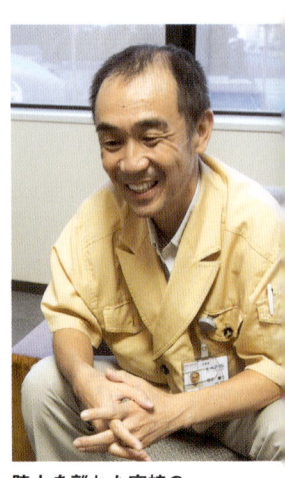

陸上を離れた宮崎の竹下雄二さんは穏やかな表情で思い出を語る＝2013年

1993
第42回大会

第4日5区の10kmすぎでリタイアした宮崎の森下広一さん(左)と駆けつけた6区の竹下雄二さん

1989.11.6／1993.11.7
第38回大会・第4日(7区)／第42回大会・第3日(6区)

激闘を伝えるべく奔走した
TNCの番組制作者たち
テレビ放送

　九州路の記憶を共有するのは、ランナーだけではない。福岡市のテレビ西日本（TNC）は1989年の38回大会から3大会、毎日のレースの模様を夕方の番組で伝えた。現在、映像センター長の**西岡剛**は当時の記憶を苦笑いで振り返る。

　放送1年目。当時カメラマンの**西岡**は冷や汗をかいた。「NTTの施設を借りることは決めていたが、簡単にはいかなかった。編集は施設についてからで、放送時間ぎりぎりで間に合った」。熊本から水俣を走る第4日の出来事だった。

　取材した放送素材はゴール地点のネット局からTNCへ送っていたが、水俣市には拠点がなかった。7区の湯浦〜水俣間のコースに近いNTTの施設に急いだが、道路が倒木でふさがっていた。スタッフ全員で倒木を道路脇に運び、放送時間に何とか間に合わせた。

　このダイジェスト番組「とべとべ九州一周駅伝」を終えた後、TNCは41回大会から大会のドキュメント番組の制作と放送を続けている。スポーツ部担当部長の**川崎聡**が「忘れられない」と話す大会の名場面は、42回大会の第3日6区。宮崎の**谷口浩美**と山口の**早田俊幸**のエース対決だ。

　谷口が中継所をトップで出たが、**早田**が3位から追い上げた。アナウンサーだった**川崎**は、当時ディレクターの**小林文弥**とトランシーバーで状況を伝え合った。現場の熱狂がそのまま伝わるような「トランシーバー実況」は番組に採用され、視聴者の好評を呼んだ。

　大会とともに歩んできたTNCのドキュメント番組。九州路の激闘を伝える番組は、2013年11月9日の放送が最後になった。

1971.11.16
第20回大会・第5日（1区）

沖縄の初出場は"返還前年"
興奮がよみがえる思い出の九州路
嶺井政義

　「沖縄」のゼッケンが九州路を初めて駆け抜けた。1971年の20回大会。当時27歳だった**嶺井政義**は「レベルの高さを痛感した」と振り返った。招待チームとして、沖縄が九州一周駅伝に初参加したのは、72年の沖縄返還の前年だった。

　第1日2区、第3日5区は区間8位。第5日1区で区間7位と順位を上げ、第6日の1区は区間4位の好走を見せた。メンバー不足や自身の仕事の都合で後半は出場できず、大会初日から6日間で4回の出走を終えると、すぐに沖縄へ戻った。

　初挑戦した20回大会の結果は累計8位。駅伝以外の記憶も鮮明に残っている。まだ本土への渡航に許可証が必要だった時代で、空港の手続きにも時間がかかった。「手荷物検査などでいろいろと調べられた。長かったなあ」と苦笑いする。

　それでも、68年のメキシコ五輪男子マラソンで銀メダルを獲得した**君原健二**らと健脚を競う喜びは、何物にも替え難かった。「トップクラスの選手と勝負できることに興奮した」。競技への情熱はさらに増した。

　沖縄は本土復帰後の24回大会から正式参加。嶺井は25回大会にも1度出走した。慣れない寒さに耐えられずに長崎で手袋を買い、中継所の休憩所となった民宿では初めてこたつに入った。「こんなに暖かいものがあるとは」。その後、監督としても10度参加した。

　2014年1月に70歳となる**嶺井**は、沖縄県陸上競技協会で審判を務める。高校生の大会の世話をしながらも、グランツールの結果が「どうしても気になるんですよ」。11月3日に大会最終日を迎えた最後の九州路に思いをはせた。

1993
第42回大会

第3日6区で、山口の早田俊幸さんに激しく追い上げられる宮崎の谷口浩美さん

TNCは取材車を走らせ、レースの模様を取材して放映した（年代不明）

沖縄県名護市の自宅近くにある巨木ガジュマルの前に立つ嶺井政義さん＝2013年

本土復帰前年の20回大会で九州路に初めて挑んだ沖縄の嶺井さん（左から2人目）

1981.11.10
第30回大会・第5日(2区)

驚異的な区間新に秘められた
ランナーとしての本能
伊藤国光

　九州路の「キング」と言っていいだろう。区間賞は歴代トップの51個。うち区間新記録は27を数える。山口県チームの主力を務めたカネボウの選手として22回大会から38回大会まで、**伊藤国光**が積み上げた勲章だ。2位は宮崎の旭化成で活躍した**佐藤市雄**の43個。その**佐藤**から掛けられた言葉が忘れられない。舞台は第5日の2区（当時19.8km）だった。

　「**伊藤**、何でそんなに頑張るんだ」──。1981年の30回大会。追い付き、抜いた**佐藤**の問い掛けを背に、ギアを上げた。55分58秒という驚異的な区間新を打ち立て、6位からトップへ。前年の29回大会で宮崎の**宗猛**（旭化成）の区間記録を1分6秒も短縮した56分9秒を、さらに更新した。**伊藤**の答えは明快だ。「負けたくない。抜いて先に行く。ランナーとしての本能だ」。自らに課したのは「区間新」。努力と工夫を重ねた。

　まずは相手を知る。他県のランナーではなく、コースと記録だ。上りや下り、カーブなどの特徴を把握するのはもちろん、バス停や橋、看板などの目印を決め、区間記録を基に通過タイムを設定。目印に到達する度に監察車にタイムを聞き、スピードを上げた。「そんなことをしているのは当時、僕だけ。誰と走るかは関係ない。記録と勝負した」。今も九州路のほぼ全区間を覚えている。

　カネボウ退社後の2012年春、専修大陸上部の監督に就任。10月19日にあった箱根駅伝の予選会で7位に入り、3大会ぶりとなる本大会出場を決めた。「戦略を駆使してシードを取りたい」。58歳のアイデアマンは笑みを浮かべた。

1965.11.19
第14回大会・第5日(3区)

後の指導に生かした
五輪ランナーの大ブレーキ
渡辺和己

　九州路が幕を閉じた62回大会。九電工の後輩、**前田和浩**が駆け抜けた福岡市・天神のゴールを**渡辺和己**は万感の思いで見つめた。「九州一周のおかげでスピードがつき、五輪に出ることができた」。1958年の7回大会から出場し、引退後は26年もの間、総監督・監督として福岡を支えた。

　60年ローマ、64年東京の両五輪に出場した**渡辺**は65年の14回大会が忘れられない。第5日3区の阿久根から西方までの13.4kmで区間5位。14度の区間新記録を含む通算18個の区間賞を獲得した五輪ランナーにとっては「大ブレーキ」だった。

　14回大会が選手として最後の出場。**渡辺**は舞台裏を明かす。「走るはずだった選手が体調不良になり、当日の朝、急きょ僕が走ることになった」。朝食を食べる暇もなく、栄養剤を胃袋に流し込んで走ったが本来の力は出せなかった。

　日本を代表するランナーだった**渡辺**は「失敗ばかりの競技人生」と振り返る。ローマ五輪のマラソンでは「30kmまで(優勝した)**アベベ**についたけど、脚がけいれんしてしまった」ために32位。東京五輪はマラソン代表を逃し、出場した1万mで「熱が出て完走するのがやっと」だった。

　現役時代の苦い経験を、引退後に指導者として臨んだ九州一周駅伝で生かした。「選手の体調に細心の注意を払った。無理は絶対にいけない」。2001年から09年までは九州陸上競技協会の理事長も務めた。「九州から強いマラソンランナーを」。強い思いで大会の運営に力を尽くした。

1981
第30回大会

第5日2区で繰り広げられた首位争い。6位でたすきを受けた伊藤国光さん(左)は宮崎の佐藤市雄さん(後方)らを抜き去りトップを奪い、驚異的な区間新記録を打ち立てた

専修大陸上部の練習前に、選手たちに話し掛ける伊藤国光さん（左）＝2013年

選手時代に競った渡辺和己さん（左）と広島日出国さんは九州陸協の理事長と審判長としても大会を支えた＝2000年

1984
第33回大会

福岡の選手を車中から激励する福岡の渡辺総監督

第5日(3〜4区)

「独自の九州路」は研究の成果
中継所への先着を目指して
選手収容バス

※地図は第59回当時のもの

　選手や荷物を運ぶ「選手収容バス」も、九州路を走り続けてきた。選手を汗でぬれたユニホームのままで待たせないために、中継所には先着することが理想的。バスの運転手とガイドは地図とにらめっこして、独自の「九州路」をつくった。

　運転手たちは自作の「抜け道ノート」をつくるなどの研究を重ね、ほとんどの中継所で先着に成功。だが、第5日（60回大会以降は第4ステージ）だけは、ドライバー泣かせの「難所」だった。

　阿久根から西方を走る3区の途中からは、右手に海を見ながら国道3号を走る名物コース。運転手は先を急ぎたいが、先回りできる脇道がなく、走者の後ろを追走するしかない。これが4区の途中まで続き、中継所の川内（薩摩川内）で選手を待たせることが多かった。

　2002年の51回大会から09年の58回大会までJR九州バスでガイドを務めた**菊地理恵**は「本当に申し訳なかった。とにかく気ばかりが焦ってしまって」と振り返る。その一方で「私たちにとっても貴重な経験だった。アスリートの素顔に触れることができました」と懐かしんだ。

　菊地には忘れられない光景がある。世界選手権のマラソンに、2大会連続出場した宮崎の**堀端宏行**の涙だ。「結果が悪かったときに、選手収容バスで泣いていた。世界を相手に走る姿を見ると、たくましくなったとうれしくなります」。指導者やファンだけでなく、運転手やバスガイドも選手の成長を見守ってきた。

1993.11.9-10
第42回大会・第5日〜第6日

水害で一部打ち切りになったが
鹿児島勢が「地元を元気に」と力走
アクシデント

　記録的な豪雨で鹿児島市中心部を流れる甲突川などが氾濫し、約1万1千棟が浸水した。鹿児島市を中心に死者・行方不明者49人を出した1993年の「8・6豪雨水害」。土砂災害なども多発し、九州一周駅伝にも大きな影響を与えた。8月中旬、駅伝コースの事前調査をした西日本新聞社開発事業部（当時）の**浦川孝幸**は「道路を通ることができず、調査どころではなかった」と語る。薩摩川内市方面から鹿児島市に入る国道3号も広範囲にわたって陥没などの被害を受けた。

　コースの水害復旧工事などもあり、この年の42回大会は第5日の5〜7区（川内〜鹿児島）の計52.6kmと、第6日の1〜3区（鹿児島〜牧の原）の計46.9kmが打ち切りとなった。それでもランナーが九州路への情熱を失うことはなかった。

　「走ることで地元を元気にしたかった」。当時主将で鹿児島の監督も務めた**春松千秋**は振り返る。勤務していたイケダパンの工場も浸水し、陸上部員も復旧作業に追われた。台風の被害などもあり、出場24選手が決まったのは大会直前だった。

　それでも、鹿児島は第4日まで累計4位と大健闘。**春松**は「みんなよく仕上げた」と話す。打ち切り区間がある第5日と第6日も累計5位を守り、地元の声援に応えた。宮崎の**宗茂**総監督（当時）が「災害にめげず、いい勝負をしている」と舌を巻く走りだった。

　各県チームからは激励の寄せ書きも届き、JR西鹿児島駅（現JR鹿児島中央駅）に展示された。この年の鹿児島は4年連続の累計5位を死守。2年後の44回大会では6年ぶりの累計4位に食い込んだ。

中継所への「先着」を目指し、運転手とバスガイドは九州路を研究した

走り終えた選手たちに飲料水を渡すのもバスガイドの仕事だった＝2009年

土石流で人や車が海に押し流された鹿児島市吉野町の災害現場＝1993年

1993
第42回大会

第5日、水害復旧のため5区以降が打ち切りとなり、大会最短のゴールとなった川内十字路

1954.11.23-24
第3回大会・第5日(7区)〜第6日(1区)

月を目指したランナー
2区間連続で区間賞に輝く
貞永信義

　九州一周駅伝は1995年の44回大会で、たすきをつないだ総距離が地球から月までの距離に達した。約38万4400km。この距離を1人で目指した男がいた。60年ローマ五輪マラソン代表の**貞永信義**。九州路で力を蓄えた名ランナーだった。

　「(月まで)駅伝に先を越されたね」。九州一周駅伝の快挙に笑顔を見せた**貞永**は、山口県防府市に拠点を置く鐘紡(現カネボウ)の主力として活躍。1回大会から5大会連続出場して10個の区間賞を獲得したが、圧巻は54年の3回大会だった。鹿児島入りする第5日の最終7区で区間賞を獲得。さらに翌日には、鹿児島〜重富間の16.16kmを走る第6日1区でも区間賞の快走を見せた。日付をまたぐ2区間連続区間賞の離れ業で、**貞永**は超人的なタフネスぶりを見せつけた。

　この年は朝日マラソンを直後に控えていたため、第6日までに4度の出走を終えた。「駅伝はマラソンの力をつける。スピード、忍耐力を養成できる」。**貞永**は47歳までに75回もフルマラソンに出場し、6度の優勝、36度の入賞を記録した。

　現役引退後、山口の監督、総監督を22回から45回大会まで務めた。同時期に山口の監督だった**野見恭二**は「スポーツマンらしい人で、伴走の掛け声も絶妙だった」と振り返る。指導者として活躍する一方、早朝のジョギングも欠かさなかった。

　「一生の間に、月まで走りたい」。そう誓っていた**貞永**は晩年まで走り続け、2003年に74歳で永眠した。人生で走った距離は36万2000km。月にはわずかに届かなかったが、偉大なランナーは九州路に確かな足跡を残した。

2001.11.7
第50回大会・第6日（1区）

ロンドン五輪のランナーは
九州路を「もう一度走りたかった」
藤原 新

　陸上界の風雲児が、故郷長崎のゼッケンで九州路を駆けた。2001年の50回大会。当時拓殖大2年だった**藤原新**は、第6日1区で大会デビューした。「よく覚えてますよ。西日本新聞の記者さんに取材してもらったことも」と笑顔で振り返る。

　箱根駅伝出場を懸けた予選会で拓殖大が敗れ、九州一周出場を急きょ打診された。全日本大学駅伝を走り、チームに合流したのは第3日の夜。蓄積した疲労を取ろうと、鹿児島市の宿舎近くの治療院に立ち寄った。それが好走につながった。「（治療院は）飛び込みで入ったんですが、はりの先生が懸命に治療してくれた。あのおかげで体調が回復した」。初出走の**藤原**はトップ集団を形成した。結果は区間3位。区間賞を獲得した福岡の**角田達彦**との差はわずか9秒だった。

　第10日は7区を走ったが、20歳の新人にアンカーは荷が重かったのかもしれない。移動の電車に靴を忘れたことも響いて区間6位。「自分が勝っていれば…」。前年は40年ぶりの累計3位に入った長崎だが、この年は山口に1分10秒届かずに累計4位に終わった。

　藤原が九州路を走ったのはこの一度だけ。その後は拓殖大からJR東日本に進み、2010年に退社。そして、実業団チームに所属せずに挑んだ12年の東京マラソンでは自己ベストの2時間7分48秒で2位に入り、ロンドン五輪に出場した。

　「（九州一周に出場した）当時の自分はタフさがなかった。今なら『どんと来い』なんですけどね。もう一度、走りたかった」。自力で五輪への道を切り開いたプロランナーは、寂しさをにじませた。

福岡国際マラソンに46歳で出場した貞永信義さん＝1975年

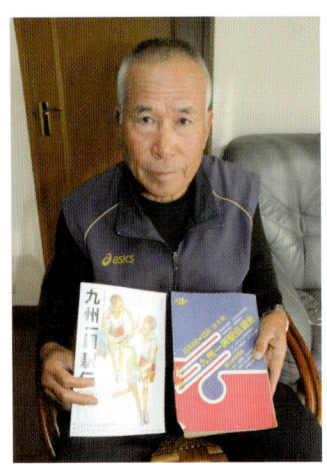

九州一周駅伝の大会パンフレットを手にする山口の監督だった野見恭二さん＝2013年

2001
第50回大会

長崎の選手として初出場した時の藤原新さん(当時拓殖大2年)

九州路の思い出を笑顔で振り返る藤原新さん＝2013年

1977.11.9
第26回大会・第6日（2区）

初出場の公務員ランナーが
伊藤国光を抑え区間賞の激走
鞭馬講二

　無我夢中で18.5kmを駆けた。1977年の26回大会の第6日2区。熊本の**鞭馬講二**に伴走する観察車から声が飛んだ。「勝っているぞ、追い込め」。東国分中継所まで残り2km。監督陣がタイムを比べていたのは、山口の**伊藤国光**だった。

　伊藤は実業団の鐘紡（現カネボウ）に所属し、史上最多となる51個の区間賞を獲得した日本屈指のスピードランナー。**鞭馬**の55分38秒は、**伊藤**を19秒抑えての区間賞だった。初出場で手にした勲章を、公務員ランナーは「とにかくうれしかったですね」と振り返る。

　熊本県小国町出身で、大東文化大時代に箱根駅伝で活躍。卒業後は熊本県の保健体育科教諭となった**鞭馬**にとって、九州一周は「一年で一番大きな目標」だった。6度の出場で区間賞は5個獲得。**伊藤**や同学年の宮崎の**宗兄弟**と競り合った。

　当時の熊本は実業団の九州産交、本田技研などに加え、教員も主力だった。77年には監督経験もある肥後銀行頭取の**長野吉彰**氏が中心となり、教職員らで構成する「熊本教走クラブ」が誕生。同クラブの中心だった**鞭馬**は「実業団選手に負けたくなかった」と話す。

　短い間隔で多くの大会に出場する独自の調整法を続け、世界選手権の男子マラソンに2大会連続出場を果たした埼玉県庁の**川内優輝**に、同じ公務員ランナーだった自分の姿が重なるという。

　「**川内**選手と同じように、僕らもレースに多く出場することで感覚を磨くしかなかった。九州一周駅伝は貴重な実戦の機会だった」。仕事と走ることを両立させた61歳は、今もフルマラソンに挑み続けている。

2005.11.9
第54回大会・第6日(3区)

低迷するチームを
学生と自衛官が復活に導いた
鹿児島県チーム

　低迷する鹿児島が復活ののろしを上げた。2005年の54回大会。地元を走る第6日だった。2区で第一工業大のケニア人留学生ランナー、**キプコエイチ**が3位から首位に立つと、3区の**内村浩二**も力走。トップで難所の亀割峠を駆け抜けた。

　「こんなにうれしいことはなかった」。4区で首位を譲ったが、総監督だった**神之門均**は興奮を隠せなかった。城山観光、京セラが実業団としての活動を休止した2000年から5年連続累計7位だったが、54回大会は同6位に順位を上げた。

　苦境の鹿児島を支え続けたのは、第一工業大と**内村**が所属した国分自衛隊だった。3区は国分駐屯地の近くで、**内村**の同僚がのぼりを持って声援を送った。「できるだけ職場の近くを走らせた」と**神之門**。**内村**も「力になった」と振り返る。自衛隊ランナーにとって、九州路は大きな目標だった。国分自衛隊所属で監督を務めた**田中行夫**は「選手はここを目指して走った」と話す。一方、第一工業大の**岩元慎一**監督は「学生の力試しの場であり、アピールの場でもあった」と分析する。

　第一工業大から実業団の安川電機に進んだ**下森直**をはじめ、力走が評価された選手も多い。全日本大学駅伝と日程が近く、**岩元**は「正直、故障が怖かった」と苦笑いするが、選手にとって九州路は決して調整ではなかった。

　鹿児島は06年の55回大会から2年連続の累計5位。08年の57回大会からは4年連続で同4位となった。2000年代は宮崎、福岡の2強に長崎が挑む図式が続いた九州一周で、鹿児島の奮闘は大いにレースを盛り上げた。

熊本県で教員をしながら九州一周駅伝に出場。初マラソンだった1978年の延岡西日本マラソンで見事優勝した鞭馬講二さん

現役時代の活躍を報じた新聞記事のスクラップを手にする鞭馬さん

九州路や全日本大学駅伝などで
力走した第一工業大の選手たち

2007
第56回大会

国分自衛隊の同僚、武田
国拓さん(左)からたすき
を受け取る内村浩二さん

1956.11.20
第5回大会・第6日（4区）

故郷の大声援を原動力に
16歳「カモシカ少年」が区間賞の活躍
原西正直

　16歳で区間賞を奪った少年がいた。1956年の5回大会。宮崎の**原西正直**は衝撃的なデビューを飾った。「駆け引きなしで飛ばしたのが良かったのでしょう」。10.72kmの第6日4区でいきなり区間新の快走。農家の長男の運命が変わった。

　すらっと伸びた脚の16歳に付いたニックネームは「カモシカ少年」。家業の農業を手伝っていた少年は、メルボルン、ローマ両五輪マラソン代表の**広島庫夫**に憧れた。「（広島と同じ）旭化成に入りたかった」。そのために九州路を目指した。宮崎県の予選会に出場した**原西**は「実力に半信半疑だったんでしょう。3度も予選会を走らされた」と笑う。メンバー入りが決まると、宮崎県えびの市の実家では連夜の宴会が開かれた。レース当日はトラックで故郷の応援団が駆けつけた。

　「九州一周駅伝が私の人生を変えた」。16歳の区間賞は、憧れていた旭化成関係者の心を揺さぶるには十分だった。5回大会の後、**原西**は旭化成に入社。九州路には14年連続出場を果たし、主にエース区間を走って区間賞も17個獲得した。

　2008年の57回大会では、35歳の力走が話題を呼んだ。福岡の主将、**有隅剛志**は第2日と第6日に2連続区間賞。「実家が沿道にあり、九州一周は憧れだった」。3走目は、実家近くの篠栗中継所から飛び出す第10日の最終7区を任された。「今から剛志君が走ります」というアナウンスを力に変えて、**有隅**は宮崎を抜いて日間首位のゴール。区間2位で福岡の総合4連覇に花を添えた。

　16歳と35歳。故郷の大声援が、今も語り継がれるドラマの原動力となった。

1995.10.25
第44回大会・第6日（5区）

「月に向かって走れ」
九州一周駅伝の合言葉がついに現実に
38万4400kmの足跡

　選手や九州一周駅伝関係者の合言葉だった「月に向かって走れ」が、ついに現実になった。1995年10月25日。44回大会の第6日5区途中で、1回大会からの出場全選手の総走行距離が、地球から月までの距離38万4400kmに到達した。到達地点となったのは鹿児島県末吉町（現曽於市）。和太鼓とくす玉で快挙を祝う風景を、大分県陸上競技協会の**小山福司**は感慨深く見つめた。大分の監督を務めた1回大会から全選手の記録をプログラムに記入し、大切に保管してきた。**小山**は45回大会後、1回大会からの全チーム・選手の記録に加え、各選手の区間賞獲得回数や総走行距離もまとめた記録誌「月までの足跡」を編さんした。73歳だった**小山**は発行からわずか2カ月半後に死去。大病と闘いながらの作業だった。

　九州一周に情熱を注いだ一生。妻の**光子**は「命懸けでやれる仕事があって良かったね」と亡き夫に語りかけたという。終戦から7年後の52年に始まった九州一周の歴史をたどり、語り継ぐことができるのは、700ページを超す大著のおかげだ。

　44回大会では「棄権した場合は区間最下位の記録に5分プラスしたタイムが記録」という規定が加わり、第6日7区で適用された。**小山**は記録誌に「走者の健康管理から見て当然の措置だが、距離計算は単純に出来なくなった」と記した。

　実は「月に向かって走れ」は、大会30年史のタイトル。著者の西日本新聞記者、**金子厚男**は「この駅伝がいつまでも続いてほしい」との願いを込めたという。2013年11月3日に大会は62年の歴史に終止符を打った。その5日後、**金子**も88歳で息を引き取った。

福岡市・天神のゴールに飛び込む福岡の有隅剛志さん＝2008年

力走する宮崎の原西正直さん(武雄〜肥前山口間／本人提供写真)

1995
第44回大会

1995年10月25日、鹿児島県末吉町（現曽於市）で大会出場選手の総走行距離が地球から月の距離に到達した

(写真左)月までの距離に到達する地点で選手を見守った大分県陸協の小山福司さん

1999.11.3
第48回大会・第6日(8区)

必死にもがいて区間新
「白バイ」に挑んだランナー
森下由輝

　「世界最長」の九州一周駅伝で、先導の白バイやパトカーは選手以上にコースを熟知することが求められた。安全な運営のため、駅伝事務局と協議を重ねた九州管区警察局の**山下則秋**も、鹿児島県警時代に白バイで先導役を務めた経験がある。

　「コースを間違ってしまうと、選手も付いてきてしまう」。**山下**は何度も下見を重ねてコースを熟知した。さらに先導する白バイの位置は「選手の16m前」が基本。選手に合わせて距離をキープするため、大会へ向けた研修もあったほどだ。

　16m前の白バイを「ペースメーカー」にした選手は多いが、宮崎の**森下由輝**は違った。1999年の48回大会第6日。前年に8区の16.7kmで区間新記録を樹立した**森下**は、2年連続で同じ区間に出走。自身が持つ区間記録の更新を狙った。

　トップでたすきを受けた時点で、2位山口とは2分34秒差。競い合うライバルはいない。「それなら」と白バイを目標に定めた。ペースを上げて追い付くと、白バイは当然のように離れる。これを数回繰り返した。

　伴走する監察車に「バカなことをするな」と怒られながら、**森下**は「必死にもがいた」。46分56秒で前年を11秒短縮する区間新。2001年の世界選手権でマラソン代表になった**森下**は「きついときにいかに頑張れるか。それがマラソンにつながった」と胸を張った。

　62回大会には、九州管内の98警察署から約3500人の警察官が協力。パトカー153台、白バイ311台が配備された。県境で待機し、引き継ぎを行ってきた各県警のパトカーや白バイにとっても、最後の九州路だった。

1991.11.1-10
第40回大会

バルセロナ五輪「金」の英雄
黄永祚の強さに衝撃走る
アジア選抜チーム

　九州路を代表する名ランナーたちが衝撃を受けた。1991年。韓国の国民的英雄、**黄永祚**が40回の記念大会に登場した。特別に編成されたアジア選抜の一員で2度出走し、いずれも区間1位。第7日1区ではソウル五輪1万m代表、宮崎の**米重修一**らに快勝した。

　「全く予期しないところで仕掛けられ、突き放された。森下さんのバルセロナと一緒です」。第4日1区で競った宮崎の**佐保希**は証言する。翌年のバルセロナ五輪男子マラソン。**黄**はモンジュイクの丘の下りで**森下広一**を振り切って優勝した。

　黄は意志が強い選手だった。監督の**広島日出国**は3度目の出走を打診したが、「本来の目的は別府大分毎日マラソンの下見」と拒否。その別府大分で韓国代表となった**黄**は、**広島**と再会した際に「あの時は失礼しました」とわびたという。

　アジア選抜は、第6日9区でもスリランカの**カルナラトナ**が区間1位で走るなど健闘した。第7日に**黄**とたすきをつないだのは、実業団のダイエーに所属していた日本の**福田誠**。実に7カ国のランナーが名を連ねた。大会前日にはアクシデントもあった。中国の選手が「ユニホームを持ってきていない」と明かし、九州陸上競技協会の総務部長だった**井上慎一郎**が慌てて手配。「そうしたら、ほかの選手も欲しいと言いだして」と井上は苦笑いする。

　広島ら監督陣は「走るのは1回だけと思っていた」と渋る選手をなだめ、仲間と力を合わせる「エキデン」の魅力を伝えた。九州路の1063.6kmを走り継いだ最終日の閉会式。「チーム」となった選手に笑顔が広がった。

たくさんの白バイに囲まれ、日向路を駆ける各県代表の選手たち

水分補給をしながら力走する森下由輝さん＝2001年

40回大会を記念して特別参加したアジア選抜は健闘を見せた

1991
第40回大会

第4日1区で区間1位となり、右手を高々と挙げて第1中継所へ入るアジア選抜の黄永祚さん

2002.11.7
第51回大会・第7日（3区）

九州路に残る
快速ランナー2人の名勝負
佐藤信之・高岡寿成

　日本を代表する快速ランナーが激突した。2002年の51回大会第7日3区。前走で連続区間賞を歴代2位の「24」まで伸ばした宮崎の**佐藤信之**に、マラソンの日本記録保持者が立ちはだかった。山口の**高岡寿成**。文字通り最速の刺客だった。

　00年シドニー五輪マラソン代表の**佐藤**は、1999年世界選手権で銅メダルを獲得。「マラソンを走ったばかりの**高岡**さんに負けるわけにはいかなかった」。1カ月前のシカゴで2時間6分16秒の日本記録を樹立した**高岡**に闘争心を燃やした。

　高鍋から都農までの16.4km。トップでスタートした**佐藤**を、1分29秒差の3位でたすきを受けた**高岡**が追った。6km地点で**高岡**が10秒詰めたが、後半に**佐藤**が突き放した。48分33秒の**佐藤**が**高岡**を21秒上回り、連続区間賞を「25」に伸ばした。

　現在41歳の**佐藤**は「前夜も寝付けないほどのプレッシャーだった。あのレースだけは今も忘れられないし、最も価値のある区間賞だった」と懐かしむ。**高岡**も「目いっぱいでいって負けた」と潔く完敗を認める。

　2004年の53回大会第2日5区。現在、女子のユタカ技研駅伝競走部（静岡）のスカウトを務める**佐藤**は、連続区間賞を歴代1位の「29」に伸ばした。**高岡**を指導した山口の**伊藤国光**の「28」を上回る快記録だった。

　06年に**佐藤**、その3年後に高岡が第一線を退いた。世界選手権男子マラソンで、**佐藤**の後に表彰台に上った日本人選手は05年の**尾方剛**（3位）だけ。**高岡**のマラソン日本最高記録はいまだ破られていない。最強の男たちが繰り広げた死闘は、九州路に残る名勝負だった。

1958.11.21
第7回大会・第7日(5〜6区)

宮崎と旭化成の歴史を育んだ
"走りの血統"がたすきをつないだ日
広島庫夫・広島日出国

　かつての「重戦車」は1988年に約1カ月をかけて、単身で1000km超の九州路を走破した。60歳の秋。メルボルン、ローマ両五輪のマラソンに出場した**広島庫夫**の還暦記念だった。おいの**日出国**とともに宮崎と旭化成の歴史を築いた思い出の道を駆けた。

　庫夫は駅伝で鍛えた走力を武器に、1950年代に3度も日本記録を更新するなど戦後の日本マラソン界を支えた。九州一周駅伝には52年の1回大会から7度出場。6度の区間新を含む20個の区間賞を獲得するなど、大会を大いに盛り上げた。**日出国**は九州路で運命を大きく切り開いた。宮崎県北郷村（現美郷町）で家業の農業や炭焼きなどをしながら、月明かりを頼りに走り続けた。初出場の5回大会では3個の区間賞を獲得。**庫夫**が所属する旭化成関係者に強烈な印象を与えた。

　2人のたすきリレーが実現したのは、58年の7回大会。旭化成の本拠地、同県延岡市にゴールする第7日の5区を**日出国**は区間新で走り、6区の**庫夫**につないだ。この好走も評価された**日出国**は、旭化成に熱心に誘われて翌59年に入社した。**庫夫**が監督となった60年の9回大会。**日出国**は第7日4区を力走し、翌年以降は5度も「エース区間」の最終6区も任された。通算32個の区間賞を積み上げた**日出国**も指導者となり、**茂**、**猛**の**宗兄弟**を育成。**谷口浩美**や**森下広一**を発掘した。

　日出国の持論は「駅伝はマラソンランナー育成に必要」。今も旭化成の選手育成の両輪は駅伝とマラソン。

　最後の62回大会。宮崎の監督で旭化成を率いる**宗猛**はつぶやいた。「九州一周は人生を変える場だった」。脳裏に浮かんだのは恩師の姿だった。

ユタカ技研で女子選手のスカウトを
務める佐藤信之さん

2002
第51回大会

山口・高岡寿成さんに21
秒差をつけ区間賞を奪っ
た宮崎・佐藤信之さん

1956
第5回大会

初出場だった5回大会第5日3区で牛之浜海岸を走る広島日出国さん

還暦記念として九州一周を完走した広島庫夫さん＝1988年

1991.11.7
第40回大会ほか・第7日

本拠地の延岡入り
「負けは絶対に許されなかった」
宮崎県チーム

　大会最多の36度の優勝を誇る宮崎には「特別な一日」があった。旭化成の本拠地延岡にゴールする第7日。1988年のソウル五輪の5000mと1万m代表の**米重修一**が「延岡入りは特別」と力を込めるように、延岡市民や社員に走りで感謝を示す一日だった。

　91年の40回大会。1区だった**米重**は「はり治療などで何とか走れた」という状態で区間3位。アジア選抜の**黄永祚**に36秒差で踏ん張った。この力走が生きて、宮崎は日間首位。世界選手権で優勝したアンカーの**谷口浩美**が大歓声に迎えられた。

　必勝を義務付けられた延岡入り。現在はナンチクで女子を指導する**佐藤市雄**も「負けは絶対に許されなかった」と振り返る。第7日は4区以外を全て経験。「上りとか、人が頑張らないようなところで頑張る」。延岡入りで駅伝の駆け引きを覚え、歴代2位の通算43個の区間賞を獲得した。

　佐藤に次ぐ同3位の38個の区間賞を手にした**小島忠幸**は、最終6区を走った2003年の52回大会が忘れられないという。トップでたすきを受けた時点で2位福岡と1秒差。「すごい重圧だった」。追い付かれた後、相手の息づかいを感じながら突き放した。最後は20秒差でゴール。「区間賞はチームの勝利を意識した結果で、自然に積み上がった」と明かした。

　「九州一周、特に延岡入りの重圧に、ウチの選手は鍛えられてきた。来年以降の強化方法を真剣に検討しなければいけない」。大会が13年限りで幕を閉じたため、14年4月から旭化成の監督を務める**西政幸**は頭を悩ませている。

※公式記録では2位。オープン参加のアジア選抜チームを除くため

2013.11.1
第62回大会・第6ステージ（6区）

世界に羽ばたいたランナーは
区間賞逃した屈辱を糧にして
堀端宏行

　最後の大役を終えた宮崎の**堀端宏行**に笑顔はなかった。62回大会の第6ステージ。旭化成の本拠地延岡にトップで飛び込んだものの、痛恨の区間2位。宮崎は**堀端**の6区だけ区間賞を逃し、2位福岡にこの区間だけで2分15秒も詰められた。4区の**白石賢一**、5区の**深津卓也**らの力走をつなげず、**堀端**は「みんなの貯金を使ってしまった。申し訳ない」とうなだれた。総合優勝を狙った宮崎だったが、この大会は最終日最終区で福岡に逆転された。エースにとって悔しい結末だった。

　2大会連続で世界選手権に出場したマラソンランナーは、新人時代にも九州路で屈辱を味わっている。熊本・八代東高から2005年に旭化成に入社し、同年の54回大会は3走目の第6日1区で区間8位。区間最下位とわずか9秒差だった。「走る前から頭痛がして『どうしよう』と青ざめた」。ここから9年連続出場。「出走を重ねると疲労がたまる。マラソンの後半に似た状態になる」。後に**堀端**が気付いたように、ハードな九州路は必然的に「マラソン練習」となっていた。

　入社から鳴かず飛ばずが続いた**堀端**だが、故障明けだった11年3月のびわ湖毎日マラソンで日本人トップの3位になった。身長189センチの大器は自信を深め、同年夏の世界選手権で7位入賞。大器晩成型のランナーはついに世界に羽ばたいた。

　11年の60回大会では延岡入りのアンカーで区間賞。中1日で出走した最終ステージ最終区も区間賞で総合優勝に花を添えた。区間賞を取れず、宮崎も優勝を逃した最後の九州路。**堀端**は再び屈辱を糧にすることを誓っている。

2003
第52回大会

大勢のファンの声援を受けながら、日間首位で延岡にゴールする宮崎の小島忠幸さん

九州一周駅伝の思い出を振り返る米重修一さん＝2013年

2013
第62回大会

苦しそうな表情で「最後の延岡入り」のゴールを目指す堀端宏行さん

真剣な表情で体をほぐす堀端宏行さん。屈辱からの復活を誓っている＝2013年

2001.11.9
第50回大会・第8日(1〜2区)

日韓の心のたすきをつなぐ
バス車中のユニホーム交換
韓国チーム

　日韓が共催したサッカーのワールドカップ(W杯)を翌年に控えた2001年。九州路では一足先に交流の輪が広がっていた。50回大会を記念して、韓国チームが特別参加。レース終盤の第8日、選手を運ぶ収容バスが交流の舞台となった。

　「サッカーでは試合後にユニホームを交換している。僕たちもそうしてみないか」。1区を走った選手を乗せ、2区のコースを走っていた収容バスの車中。韓国の**朴正珍**が沖縄の**知念真吾**に提案すると、レースで競り合った**知念**も快諾した。

　日韓W杯の話題で盛り上がった2人のユニホーム交換は、日韓交流の呼び水となった。当時、韓国体育大の学生だった**朴**をはじめ、学生が中心だった韓国の選手と、沖縄や佐賀などの選手との間でユニホームやゼッケン交換が次々に行われた。

　当初、韓国チームの参加は危ぶまれていた。この年は九州一周のゴール翌日が、7日間で532kmを走る「ソウル－釜山駅伝」のスタート。日程的な問題もあり、韓国の有力選手はそろって不参加。選手派遣すら難しいという声もあった。

　招へいには福岡陸上競技協会副会長の**坂井和義**が尽力した。1969年に福岡市で合宿した韓国高校選抜の世話役を務めた縁などもあり、36年ベルリン五輪マラソン金メダリストの**孫基禎**らと交流。88年のソウル五輪にも招待された。

　坂井は大会事務局の関係者と韓国を2度訪問。粘り強い交渉の末、大会初の外国チームの単独参加が決まった。韓国陸上競技連盟会長の**李大遠**は「日韓の心のたすきもつなぎたい」と送り出したが、両者の思いは確かな実を結んだ。

1996.11.8
第45回大会・第8日（3区）

心身のタフさが求められる
猛者も苦しむ最大の難所
宗太郎峠

　歴戦の猛者も苦しめられた。宮崎県延岡市と大分県佐伯市の間で選手を待つ宗太郎峠。大会最大の難所を越える第8日3区の18.2kmは「宗太郎越え」と呼ばれた。2014年4月から旭化成の監督に就任する**西政幸**も険しさに驚いた一人だ。

　14度目の出場だった1996年の45回大会。**西**は初めて宗太郎越えに挑んだ。「みんなはこんなにきついコースを走っていたんだ」。序盤は蛇行する上りが8.5kmも続き、その直後に175mの高低差を一気に下る急勾配の下り坂だった。

　深い山中で民家も少なく、沿道の声援もほとんどない。「体重移動をうまく使って体力消耗を抑えなければ、下り坂で筋肉が悲鳴を上げる」。心身のタフさが求められる厳しいコース。ベテランの**西**にとっても、経験のない手強さだった。

　西は54分27秒で区間賞をマーク。通算30個の区間賞コレクションに宗太郎越えを加えた。「（一般的な区間は）きついのに楽なふりをしたり、相手を油断させて突き放したりした」と振り返るレース巧者が、限界に挑んだ上での勲章だった。

　大会初期の宗太郎峠はほとんどが砂利道。3区を走り終える直川中継所で当時から自宅を控室として提供する**泥谷元夫**の妻**芳子**は、家族総出で井戸水をくみ上げて風呂を沸かし、選手に喜ばれたことを覚えている。

　ステージ制導入に伴って、59回大会を最後に消えたこの区間の最高記録は28回大会の宮崎の**弓削裕**の52分34秒。現在、旭化成のトレーナーを務める**弓削**は「プランの立てようがないコース。記録はたまたま」と話す。

2001
第50回大会

最終日、福岡・天神にゴールする韓国チームの選手

大会の初期、沿道の子どもたちとともに宗太郎峠を走る大分の選手

2006
第55回大会

第8日3区の宗太郎峠の延々と続く坂を上る福岡の福永晃大さん

ユニホームやゼッケンを交換する韓国と沖縄の選手たち＝2001年

1983.11.11
第32回大会・第8日（3区）

社会人1年目
初挑戦の宗太郎越えで区間賞
谷口浩美

　1991年夏の世界選手権。酷暑の東京で、**谷口浩美**は42.195kmを粘り抜いた。「九州一周駅伝で勝ちにこだわったことが、マラソンにつながった」。日本人唯一の世界選手権男子マラソン王者は、勝利の要因の一つに九州路の存在を挙げる。

　92年バルセロナ、96年アトランタの両五輪に2大会連続出場。長く第一線で活躍した**谷口**と九州路の縁は深い。宮崎・小林高から進んだ日本体育大3年の81年、30回記念で特別参加した関東大学連合の一員で初出場。旭化成入社後も15度出場した。

　日本体育大時代は箱根駅伝で活躍。下りの6区で2年連続の区間新記録を樹立した「山下りのスペシャリスト」は、多くの名ランナーを苦しめた宗太郎峠を越える第8日3区でも輝いた。社会人1年目の32回大会。初挑戦で区間賞を獲得した。

　この大会は初出走の第3日5区で区間4位と期待を裏切った。「暑さにやられた」。雪辱を誓った谷口は第5日7区で区間賞。難所の「宗太郎越え」でも福岡の快足ランナー**井手健二**、歴代5位の36個の区間賞を誇る山口の**鎌田俊明**を抑えた。

　通算29個の区間賞を獲得した**谷口**だが、最初は暑さに弱かった。「苦手意識ばかりで、自分しか考えていなかった」。同じレースなら、走る条件は同じ。その中で相手にどう勝つか。九州路の出走を積み重ね、勝つための方法論を学んだ。

　「途中でこけちゃいました」で8位入賞したバルセロナ五輪直後の41回大会。得意なはずの宗太郎越えで区間最下位に沈んだ。「五輪後の休養期間が長かった。練習不足です」と笑う。現在53歳の**谷口**は走ることの楽しさを講演活動などで伝えている。

1991.11.8
第40回大会・第8日（4区）

宗茂監督の声を胸に秘め
パティシエに転身した名ランナー
佐保 希

　旭化成の本拠地、宮崎県延岡市に「Sucre（シュクル）」という洋菓子の名店がある。多くの人を魅了するパティシエは**佐保希**。「現役時代はきつかったけど、楽しみもあった」。九州路を沸かせた名ランナーは華麗な転身を飾った。

　1993年の世界選手権1万mに出場。宮崎の24連覇にも貢献した**佐保**は、九州路を「おいしいものが食べられる」と楽しみにしていた。特に甘いものには目がなく、福岡市の名店のケーキは大好物。関係者の差し入れを心待ちにしていた。

　「スイーツランナー」の九州路デビューは、旭化成1年目の91年の40回大会。第8日4区では1位でたすきを受けたが、福岡に抜かれた。旭化成の監督で、宮崎総監督の**宗茂**に「怒られながら走った」記憶は、18歳のルーキーには強烈だった。

　その後も**佐保**は「怒られ役」だった。アンカーだった96年元日の全日本実業団対抗駅伝では鐘紡（現カネボウ）との競り合いに敗れ、7連覇を阻まれた。九州路で「区間賞を取れなかった時の**茂**さんの怖さ」は、震え上がるほどだったという。

　2002年の引退と翌年の退社も、怖い**茂**には相談できなかった。それでも、**佐保**は「一度きりの人生。後悔はしたくなかった」と決断。郷里の大分に戻って昼はケーキ店で修業し、夜は専門学校に通った。妻の故郷の延岡でも1年半の修業を積み、09年に独立した。

　現役時代からケーキをこよなく愛した佐保。味が評判を呼ぶ一方で、開店当時から「**茂**さんが紹介してくれた」という客が絶えないという。「厳しいのは、期待の裏返しだったのかな」。今は恩師の気遣いが心に染みている。

東京で開催された世界選手権のマラソンで優勝した谷口浩美さん＝1991年

大会の歴史に幕を閉じた62回大会を沿道で応援し、笑顔を見せる谷口さん＝2013年

パティシエに転身し、ケーキ作りに励む佐保希さん

1991
第40回大会

40回大会の第8日4区の8.5km付近で福岡の藤野圭太さんと競り合う佐保さん

1984.11.9
第33回大会・第8日

西本一也の区間新を呼び水に
初めて日間首位となった日
熊本県チーム

　ゴール地点の大分での祝勝会が目に浮かぶようだった。1984年33回大会の第8日。熊本の**西本一也**は胸の高ぶりが止まらなかった。6区まで首位の熊本は、7区のアンカー**楢木野亮二**もトップでゴール。同県史上初の日間首位となった。

　「僕はいなかったけど、その日の宴会は盛り上がったでしょうね」。累計タイムでも山口を逆転して3位に浮上した「記念日」を、**西本**はうらやましそうに振り返る。次の出走に備えて移動したため、歓喜のゴールに立ち会えなかったからだ。

　快挙の呼び水は、**西本**のロケットダッシュだった。「先制攻撃でいかに後続を引き離すか」。1区の14.8kmで序盤から飛び出し、従来の記録を41秒も上回る43分14秒の区間新。2区から4区も区間賞でつなぎ、熊本の新たな歴史を築いた。

　前年まで6年連続で熊本が累計4位、山口が同3位。山口の壁をなかなか破れなかったが、当時の熊本は伸び盛りのチームだった。主力を担った実業団の九州産交や本田技研に若手が多く、この大会は「累計3位」を合言葉に臨んでいた。

　熊本は最終日も2区**西本**の区間賞などで日間2位と好走。山口を再逆転して、21年ぶりの累計3位に食い込んだ。**西本**は「累計3位は熊本の悲願だった。実業団が九州一周に何人選手を出すか競い合い、チームに勢いがあった」と振り返る。

　九州産交で活躍した**西本**は14度出場。「日本トップクラスの選手にどれだけ通用するか。修業の場だった」。引退後は九州産交の監督を務めたが、チームは2000年に休部。現在は熊本・開新高の女子駅伝部を指導し、全国高校駅伝を目指している。

2009.11.6
第58回大会・第9日（1区）

4連続区間賞で新人賞を獲得
陸上人生を変えた九州路
治郎丸健一

　大分の新エースにふさわしい快走だった。2009年の第58回大会。大分から亀川の18.2kmを走る第9日1区で、**治郎丸健一**は4連続区間賞に輝いた。当時は大分東明高駅伝部のコーチ。地元が舞台の区間で、教え子たちの声援を浴びた。

　走るたびに自信が膨らんだ。初出走だった第1日1区でいきなり区間賞を獲得。2走目の第5日6区はきつい上り下りを制し、区間新記録を樹立した。難コースの16.9kmを50分38秒で駆けた**治郎丸**は「あれでやれると思った」と振り返る。

　当初の出走予定は3度だったが、好走の連続で出番が増えた。中1日で急きょ起用された第7日5区も区間賞。最優秀選手に与えられる納戸賞の有力候補に浮上。「自分に期待していた」と話す大会最後の4走目でも見事な走りを見せた。

　大分入りした前夜もチーム宿舎に宿泊。「気持ちが緩まないように、（大分市内にある）自分の寮には戻らなかった」。納戸賞は優勝した福岡で4連続区間賞の**平野護**に決まったが、累計5位の大分で奮闘した**治郎丸**も新人賞を受賞した。

　初体験だった九州路での活躍は、**治郎丸**の陸上人生を大きく変えた。大会後の12月に熊本甲佐10マイルに招待され、9位に食い込んだ。この好走も評価され、実業団で日本屈指の強豪、日清食品グループ陸上部に入った。

　「4連続区間賞があったから今がある。大会がなくなったのは寂しいですね」。鳥取県出身ながら、九州路と大分への愛着は強い。「五輪や世界選手権に出て、恩返ししたい」。東京に活動拠点を移した現在も、視線は九州に向いている。

熊本・開新高で女子駅伝部の監督を務める西本一也さん（左端）

1984
第33回大会

第8日1区の1.6km地点でトップに飛び出した熊本の西本さん

2009
第58回大会

第9日1区で、実業団選手に競り勝ち4連続区間賞を獲得した治郎丸健一さん

日清食品グループ陸上部に在籍、「五輪に出て恩返しをしたい」と九州路への愛着を語る治郎丸さん＝2013年

1990.11.10
第39回大会・第9日（2区）

宗茂総監督に「うるせー」と叫んだ
負けん気も超一流の銀メダリスト
森下広一

　バルセロナで日本中を沸かせた男は、気の強さも超一流だった。1990年の39回大会第9日。2区の上り坂で、宮崎の**森下広一**が叫んだ。「うるせー！」。突然の大声に目を丸くしたのは、監察車に乗って伴走していた総監督の**宗茂**だった。

　監察車から選手を鼓舞する「ホイサ、ホイサ」などの掛け声は、九州路の名物。**茂**もリズミカルに声を掛けていたが、**森下**は自分の走りに集中したかった。掛け声を大声で制すると、鬼気迫る形相で力走。2位に51秒差をつけて圧勝した。

　「本番で120％の力を出せる。それが**森下**だった」。所属先の旭化成で指導した**宗猛**は、92年バルセロナ五輪の銀メダリストを分析する。気の強さに加え、レースでの集中力も折り紙付き。3戦2勝のマラソン戦績がこの言葉を裏付ける。

　39回大会の**森下**は本調子ではなかった。第7日は延岡入りの6区で区間2位。「エース区間」で屈辱を味わった。「（第9日も）体が動かず、後半は逃げたかった。きつかった」。重圧に打ち勝っての区間賞だった。

　選手で9度出場した九州路で区間賞は14個。「（出走可能な）4回出走して、区間賞を4個。うち一つは区間新。五輪に出たいなら、それくらいで走れ」と育てられ、89年の38回大会では4連続区間賞を獲得した。

　レースで全力を出し尽くす反動もあり、五輪後は故障に悩まされた。99年にはトヨタ自動車九州の監督に就任。福岡の総監督を務めた最後の62回大会。一度は姿を消した監察車が「運営管理車」として復活し、**森下**の「ホイサ、ホイサ」の掛け声が九州路に響いた。

2012.11.3
第61回大会・第7ステージ（1区）

安藤の区間賞が躍進を呼ぶ
36年ぶりに総合4位
佐賀県チーム

　躍進佐賀の象徴が、エースの区間賞だった。2012年の61回大会。**安藤慎治**が県勢29年ぶりの快挙を達成した。17.6kmの第7ステージ1区を53分54秒で制する区間賞。ここまで2度の出走で区間賞を逃し、この大会最後のチャンスだった。

　「（一大会で出走可能な）3度の出走で全部区間賞を狙っていた。一つ取れてほっとした」。1983年の32回大会第2日2区の**原田和芳**が獲得して以来の快挙に、チームは盛り上がった。**安藤**からたすきをつないだ選手たちも意地を見せた。

　3区では**名波谷一朗**が踏ん張った。5位でたすきを受けたが、宮崎の**米倉伸一**を抜いて4位に浮上。第4ステージ4区では区間6位に沈み、ゴール後に「（俺の力は）こんなもんじゃない」と号泣。その悔しさを2度目の出走にぶつけた。

　この大会、36年ぶりの総合4位に食い込んだ佐賀は、大会前に大胆な改革に取り組んだ。佐賀平野の平たんなコースで実施していた選考会を、佐賀市富士町の高低差が激しいコースで実施。九州路の険しいコースに対応できる選手を選抜した。

　追い風もあった。小城市のひらまつ病院が2011年に「スポーツで地域を元気にしたい」と陸上部を設立し、61回大会では同病院所属のケニア人選手、**キラグ・ジュグナ**が力走。**安藤**、**鬼塚智徳**、**平敏治**とともにチーム浮上の原動力となった。

　累計タイムも総合8位だった前年から1時間33分52秒も縮め、最もタイムを縮めたチームに贈られる躍進第1位も受賞。「みんなが自分の力を出し切った。たすきのつながりができた」。総監督だった**水田和幸**はチーム一丸の好走を強調した。

1990
第39回大会

第3日4区で区間新の走りを
見せる宮崎の森下広一さん

九州一周駅伝の思い出を懐か
しそうに語るトヨタ自動車九
州の森下広一監督＝2013年

2012
第61回大会

36年ぶりの4位入賞で、選手たちから胴上げされる佐賀の水田和幸総監督

第7ステージ1区で県勢29年ぶりの区間賞を獲得した安藤慎治さん(左から3人目)＝2012年

1995.10.28
第44回大会・第9日(4〜5区)

「駅伝は心もつなぐスポーツ」
たすきに込められた先輩の思い
末吉範平・阿部祐樹

　長崎のエースとして長く活躍した**阿部祐樹**には苦い記憶がある。三菱重工長崎入社2年目だった1995年の44回大会。「**末吉**さんに片手でたすきを渡してしまったんです」。18.2kmの第9日4区を走りきった宇佐中継所での出来事だった。

　2度目の出場だった**阿部**はスタミナ切れを起こして区間7位。疲労で定まらない視線の先では、5区の**末吉範平**がたすきを待っていた。8度目の出場だった34歳は「マタハチ（また8位）」と呼ばれた長崎を支え続けたベテランだった。

　末吉は長崎・猶興館高時代、相撲で全国総体に出場した異色のランナー。長崎県警に入り、機動隊の厳しい訓練で体重が5kg減って60kgになり、走ることに目覚めた。都道府県警察の対抗駅伝などにも起用され、駅伝の魅力に取りつかれた。

　「駅伝はたすきだけではなく、心もつなぐスポーツ」。中継ではいつも、たすきを地面と水平にピンと張り、心を込めて両手で渡した。「少しでも相手が取りやすいように」。真心のこもったたすきリレーは、九州路でもよく知られた。

　現在、佐世保市の江迎署に勤務する**末吉**は振り返る。「当時の長崎は繰り上げスタートが多かった。だからこそ、たすきをつないだときの喜びは格別だった」。44回大会の期間中に20歳の誕生日を迎えた**阿部**は、**末吉**のたすきリレーに込めた思いをレース後に知った。

　「あの時から、ずっと両手でたすきを渡しています」。低迷する長崎で走り続けた「警察官ランナー」の魂を受け継いだ**阿部**は、16度の出場で17個の区間賞を獲得。気迫の走りで宮崎と福岡に挑み続けた。

2006.11.11
第55回大会・第9日（6〜7区）

カネボウの東京移転で大敗
伝統復活にかける思い
山口県チーム

　実業団のカネボウの選手が抜けた山口が、屈辱的な大敗を喫した。2006年の55回大会。前年の累計4位から同8位へと大きく沈み、当時山口の監督だった**金次光行**は「カネボウの力、存在感を思い知らされた」と苦い記憶を振り返る。

　伊藤国光をはじめ、**早田俊幸**、**高岡寿成**ら九州路を代表する名ランナーを輩出したカネボウは、06年に山口県防府市の防府工場を閉鎖。陸上部も同年4月に拠点を同市から東京に移した。このため、山口は同年の大会で苦戦を強いられた。

　「山口の力の見せどころ。第9日は強いメンバーを組んで日間首位を狙うのが伝統だった」。**金次**が明かすように、地元山口に最も近づく北九州市小倉北区がゴールの第9日は、山口にとっての「お国入り」。この晴れ舞台でも大敗した。

　前年は1万mとマラソンで世界選手権に3度出場した**入船敏**らの「オールカネボウ」で日間首位に輝いたが、この大会は20分以上遅いタイムで日間8位。山口と福岡を隔てる周防灘を右手に望む6区も区間8位、7区も同7位に沈んだ。

　この大敗の後、**金次**たちは3年計画で市民ランナーの強化に取り組んだ。「若い走者を育てて頑張ろう」。県内各地の選手を集め、月に1度の合同練習を実施。伝統ある紫のたすきの復活に全力を注ぎ、58回大会では累計6位に順位を上げた。

　6回から21回大会は同時期の下関－大阪駅伝に出場し、九州一周駅伝は不参加。九州路では7度の累計2位が最高だった。「先輩に恥じないレースをしてほしい」。最後の62回大会。総監督になった**金次**は呼び掛け、選手も総合7位と踏ん張った。

選手、監督として携わり、62回大会では総監督を務めた山口の金次光行さん＝2013年

2008
第57回大会

たすきを両手で渡す
長崎の阿部祐樹さん

たすきの渡し方を示す
末吉範平さん＝2013年

2007
第54回大会

オールカネボウ勢で臨み、
日間首位でゴールした第9
日8区の松山孝さん

1989.11.11
第38回大会・第9日（8区）

「宮崎修行」で飛躍し
沖縄勢最高の区間2位を記録
下田 登

　王者宮崎に続き、「沖縄」のゼッケンがゴールに飛び込んだ。1989年の38回大会。宮崎以外が繰り上げスタートとなった第9日8区で、**下田登**が快走した。この大会が16度目の参加だった沖縄県勢で、史上最高の区間2位に食い込んだ。

　苅田中継所で8チームがいっせいにスタートすると、**下田**は18.2kmを序盤から独走した。56分7秒のタイムは、区間賞を獲得した宮崎の**牧野典彰**に24秒及ばなかったが、上位の常連だった福岡や山口の選手を抑える力走にチームは沸いた。

　九州路には82年の31回大会から14大会連続で出場。消防署員として火災現場などで激務をこなしながら、自分流の猛練習を重ねた。宿直勤務後にいきなり30kmを走ることもあれば、休日に「朝昼晩の3部練習」を自分に課した時期もあった。

　向上心あふれる**下田**は県外への「武者修行」も実行した。「日本トップレベルの選手たちと一緒に鍛えて、勝つ味を知りたかった」。88年に知人の紹介で、宮崎・延岡で旭化成の練習に参加。有給休暇を使い、選手寮に1週間泊まり込んだ。

　練習では**茂・猛**の宗兄弟をはじめ、**谷口浩美**や**森下広一**ら一線級のスピードに圧倒された。午前6時からの早朝練習では、開始時間の1時間前に全選手がそろうことにも驚いた。「走りへの取り組みが違った。全てが勉強だった」と振り返る。

　武者修行後、同年の第9日8区で区間3位。翌年の好走につなげた。「沖縄は弱くないことを見せたかった。旭化成に恩返しする意味でも区間賞がほしかった」。沖縄はついに区間賞に届かなかっただけに、50歳の今も24年前の記憶には悔しさが交じる。

2012.11.3
第61回大会・第7ステージ（8区）

ロンドン五輪6位のプライド
凱旋の小倉入りで区間賞
中本健太郎

　特別な思いを胸に秘めて、小倉城を見上げるゴールに飛び込んだ。夏にロンドン五輪があった2012年の61回大会。第7ステージ8区で、福岡の**中本健太郎**は楽々とトップを守りきった。所属する安川電機の地元、北九州での区間賞だった。

　「志願して走らせてもらった」。故郷の山口県下関市にも近い8区。ロンドン五輪で6位入賞した**中本**にとって、この年の「小倉入り」は幾重もの凱旋の意味を持った。日本中を沸かせた粘り強い走りで、沿道の大声援に応えた。

　最初から注目された選手ではない。拓殖大4年のときの箱根駅伝で区間16位。実業団から誘われず、安川電機の当時の監督、**井上文男**に直談判した。「実家に近く、長距離が盛んな九州で鍛えたい」。入社3年目、07年の56回大会。初めて小倉に入る第9日8区（当時）を走った。

　結果は、後にロンドン五輪代表を争う宮崎の**堀端宏行**に1分以上離される区間2位。「あの一年は引退を真剣に考えた」。**井上**から監督を引き継いだ**山頭直樹**の勧めもあり、**中本**は42.195kmに新たな陸上人生を見いだした。

　山頭は以前から、**中本**にマラソンの適性を感じていた。決断は的中し、08年2月の延岡西日本で3位に入ると、夏の北海道も2位。駅伝でも成績を伸ばし、09年の58回大会は第6日9区で**小島忠幸**、小倉入りで**足立知弥**と宮崎の主力2人を抑え、区間賞を獲得した。

　中本は13年の世界選手権でも5位。「3位の背中が見えていたのに、メダルへの執着心が足りなかった」。リオデジャネイロ五輪の表彰台を目標に再び走り始めた。

沖縄市消防本部の
管理職として忙し
い日々を送る下田
登さん＝2013年

1989
第38回大会

力走する沖縄の下田登さん

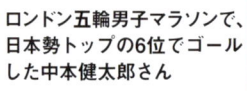

ロンドン五輪男子マラソンで、
日本勢トップの6位でゴール
した中本健太郎さん

2012
第61回大会

第7ステージ8区の「小倉入り」で区間賞を獲得した福岡のアンカー中本健太郎さん

113

第10日（1区）

福岡の黄金時代をけん引した
鉄とスポーツの都
北九州の名選手たち

※地図は第59回大会のもの

　日本の高度経済成長を支えた「鉄の都」は、かつて「スポーツの都」でもあった。野球、ラグビー、サッカーなどで八幡製鉄（1970年から新日鉄、現新日鉄住金）が大活躍。数多くの名選手を輩出した陸上部も、黄金時代を迎えた。

　陸上部は全日本実業団対抗駅伝で57年に初代王者となり、62年までに3度優勝。五輪でも八幡製鉄勢は活躍し、52年ヘルシンキに**高橋進**が出場。マラソンは**君原健二**が68年メキシコで銀メダルに輝き、**水上則安**がモントリオールに出場した。

　九州一周でも**高橋**らが主力の福岡が、52年の1回大会から7連覇。八幡製鉄勢にとって、門司－小倉－八幡とつないでいた大会初期の第10日1区と2区や、小倉から八幡につなぐ15回大会以降の第10日1区が、地元北九州の「花道」だった。

　2回大会はエース**高橋**、14回大会は前年に東京五輪の3000m障害に出場した**猿渡武嗣**が1区を走るなど、市民を熱狂させた。八幡製鉄と競うように、黒崎窯業（現黒崎播磨）、三菱化成（現三菱化学）なども九州路に選手を送り込んだ。

　「企業は仕事の手を休め、学校は授業を中断して応援してくれた」。13回大会で1区を走った**益満義孝**は振り返る。**益満**は八幡製鉄の化学部門が独立した八幡化学に所属。「八幡製鉄に負けられないという気持ちだった」と当時を振り返る。

　たすきを受けた時点の順位を落とさないことを信条とした**益満**は「九州一周で抜かれた記憶はない」。10回連続出場で21個の区間賞を獲得した福岡の主力だった。20回大会まで15度の優勝を飾った「黄金時代」は、北九州の活況によって支えられた。

1975.11.16
第24回大会・第10日(2区)

この年から36年間連続出場
選手、監督として福岡を率いた
井上文男

　陸上部誕生からわずか1年後だった。1975年の24回大会。「鉄の都」八幡をスタートする第10日2区を、福岡の**井上文男**が駆けた。所属は地元八幡の安川電機。「九州路を走らないと上のレベルにいけない」。区間3位の力走を見せた。

　ロンドン五輪6位の**中本健太郎**らを輩出した安川電機陸上部は、選手を社内から募集して74年に誕生。翌75年に東洋大で箱根駅伝を走った**井上**らが入社するなど、次第に力を蓄えていった。九州一周にはこの大会で初めて選手を送り込んだ。

　当時の九州陸上界は旭化成、新日鉄（現新日鉄住金）、九州電工（現九電工）の3強時代。**井上**らは定時の午後5時まで仕事をして、練習時間を捻出した。新日鉄の所有だった鞘ケ谷競技場の使用も限られ、工業地帯の一般道で鍛錬を積んだ。

　「（九州一周駅伝メンバーの）24人に入ろうと必死だった」。**井上**は福岡の合宿で、五輪銀メダリストの**君原健二**に衝撃を受けた。トラック練習でより距離が長くなる外側のコースを1人で走り、練習後もゴルフ場を走る姿から多くを学んだ。

　安川電機を強豪へと導いた**井上**は九州一周に10年連続出場。現役引退後も福岡の監督、総監督として2010年まで大会を支え、選手時代も含めて36年間出場を続けた。総監督を務めた05年は宮崎の25連覇を阻止し、福岡に25年ぶりの優勝をもたらして胴上げされた。

　11年に安川電機を定年退職し、同年から福岡県中間市の希望が丘高の駅伝部監督に就任。全国高校駅伝出場を目指す選手たちに、最後の62回大会を観戦させた。「九州を代表するランナーに育ってほしい」。**井上**は孫に近い年齢の教え子を見つめた。

13回大会の第10日1区で区間賞を獲得した益満義孝さん＝2013年

2005年の54回大会で福岡に25年ぶりの優勝をもたらし、胴上げされる井上文男総監督

1956
第5回大会

1回大会からエースとして福岡を支え、後に監督も務めた高橋進さん

1981
第30回大会

第4日、第2中継所直前の竜北町で2位に躍り出た福岡の井上文男さん(左)

1967.11.19
第16回大会・第10日（3区）

4日で3度出走し、2度の区間新
メキシコ五輪につないだ九州路
佐々木精一郎

　翌年にメキシコ五輪を控えた1967年の16回大会で、福岡の**佐々木精一郎**は関係者の度肝を抜いた。第7日からの4日間で3度出走し、2度も区間新記録を樹立。直方から田川に入る第10日3区では、従来の記録を1分9秒も更新した。

　「無理を言って、第8日に走らせてもらったおかげ」。この大会で初出走した第7日3区で、宮崎の選手に2分以上遅れる区間2位。危機感を感じた**佐々木**は第8日1区の出走を志願。ここで区間新記録を樹立して、第10日の快走につなげた。

　佐々木の危機感には理由があった。「このままの状態ではマラソンで戦えない」。五輪代表選考会を兼ねた福岡国際マラソンが大会の2週間後に控えていた。九州路はその調整の一環でもあっただけに、2連続の区間新記録は自信になった。

　福岡国際は当時の世界記録を上回る2時間11分17秒で2位。翌年の別府毎日も圧勝して、五輪出場を決めた。「（九州一周で）動きがよくなり、調子をつかんだ」。最高のスピード練習と位置付ける九州路が、五輪出場の原動力となった。

　大分県九重町での合宿で1週間に2度の40km走も行うなど、スタミナ対策にも細心の注意を払ったが、五輪本番は無念の途中棄権。自分の苦い経験も指導に生かして、天満屋ではシドニー五輪女子マラソンで7位入賞した**山口衛里**らを育てた。

　現在68歳。九重町の標高約1000mの別荘地に移り住んで6年目となった。毎朝の日課は自宅近くの約1時間の散歩。「この山と九州一周がマラソンに挑戦できる体をつくってくれた」。九州から世界へ羽ばたいた名ランナーは現役時代を懐かしんだ。

1999.11.7
第48回大会・第10日（4区）

福岡、宮崎、山口勢以外で初
納戸賞に輝いた神懸かり的ラン
清水 昭

　大分県勢で初の快挙だった。1999年の48回大会。**清水昭**が4度の出走全てで区間賞を獲得し、最優秀選手賞の納戸賞に輝いた。「あの大会は体に躍動感があった。自分でも不思議だった」。福岡、宮崎、山口勢以外の初受賞でもあった。

　5度目の出場だったこの大会は第1日2区、第5日2区、第8日7区で区間賞を連発。田川から飯塚に入る14.8kmの第10日4区は、納戸賞を懸けての走りとなった。難所の烏尾峠が待ち受けるコースで、**清水**は頭脳的なレースを展開した。

　田川中継所で7位でたすきをもらい、福岡の**松永伸彦**と10kmすぎまで並走して順位を上げた。残り3kmからのスパートで3位に浮上し、43分25秒で区間賞。監察車の監督たちの「取ったぞ！」という声に、ガッツポーズで喜びを爆発させた。

　大分の鶴崎工業高では無名に近い存在。95年に杵築東芝に入社し、1年に数回は旭化成の練習に参加した。この武者修行の成果もあり、21歳だった98年の別府大分毎日マラソンで2時間9分11秒の好記録で優勝。若手のホープとして注目された。

　同年の47回大会も活躍が期待されたが、区間2位が最高。第1日2区では区間7位の屈辱を味わった。「別府大分はまぐれと言われた。悔しくてたまらなかった」。48回大会を控えた夏合宿では1カ月に1000kmを走り込んで名誉挽回を期した。

　九州一周駅伝には13度出場したが、区間賞は48回大会の4個だけ。**清水**も「神懸かり的な走りができた」と笑う。2009年4月から実業団女子のキヤノンアスリートクラブ九州でコーチを務める。「地元大分から五輪に出てほしい」と、若手育成に情熱を傾けている。

九州一周駅伝では、マラソンを常に意識して走ったという佐々木精一郎さん

大分県九重町の自宅近くを散歩する佐々木さん＝2013年

大分・佐伯市での合宿中、キヤノンアスリートクラブ九州の選手（左）と笑顔で話す清水昭コーチ＝2013年

九州一周駅伝で力走する
清水昭さん

2007.10.28
第56回大会・第10日（5区）

九州路に「山の神」が降臨
八木山峠で驚異の走り
今井正人

　箱根から九州路に舞台が変わっても、気迫にあふれた「山の神」は健在だった。2007年の56回大会。標高約300mの難所・八木山峠への上りが10.8kmのほとんどを占める第10日5区で、福岡の**今井正人**が強烈なインパクトを残した。

　順天堂大時代の箱根駅伝では、山上りの5区で3年連続区間賞を獲得。07年にトヨタ自動車九州に進んだばかりの社会人1年生は、九州一周でも驚異的な強さを見せた。第7日までに3個の区間賞を手にすると、満を持して得意の山上りに臨んだ。

　「斜度はそれほど（箱根駅伝の5区と）変わらなかったが、スピードが要求される。足がパンパンになって、（山を）うまく上れていない感覚だった」。**今井**に満足はなかったが、区間2位だった宮崎の選手に51秒差をつける快走だった。

　今井はこの大会でただ一人、4度の出走で4個の区間賞を獲得。最優秀選手賞の納戸賞に加えて、新人賞や敢闘賞も独占した。所属するトヨタ自動車九州の**森下広一**監督の「4本をしっかり走れば、成長できる」との言葉にも励まされた。

　社会人での目標は「マラソンで五輪出場」。そのために、バルセロナ五輪銀メダリストの**森下監督**の門をたたいた。九州路は3度出場し、通算9個の区間賞を獲得。12年のロンドン五輪には出場できなかったが、次の大舞台を見据えている。

　「自分はよくなかった走りの方が印象に残っている。九州一周で味わった悔しい気持ちを、マラソンやトラックで生かしたい」。2014年の別府大分毎日マラソンで、初めて「サブテン（2時間10分切り）」を達成。32歳で迎える3年後のリオデジャネイロ五輪で、「山の神」は頂上を目指す。

1991~
第40回大会~

高尾、高岡、ワンジルらが
受賞の"自信"を糧に世界へ飛躍
納戸賞

　大会の最優秀選手に与えられる「納戸賞」に花を添えた。1997年の46回大会。宮崎の**高尾憲司**が難所の八木山峠を駆け上った。ヘアピンカーブが続く10.8kmを33分35秒の区間新記録。従来の記録を30秒も縮めての4連続区間賞だった。

　現在38歳の**高尾**は振り返る。「（1大会で）4個の区間賞を取るのは超ハードだったが、あの納戸賞で陸上界でやっていけると確信した」。世界最長の駅伝で得た自信を糧にして、翌98年のアジア大会の男子1万mで金メダルを獲得した。

　91年の40回大会で創設された「納戸賞」は、西日本新聞社入社後に大会創設に尽力し、自らも陸上中距離で活躍した**納戸徳重**（元九州陸協理事長）の功績をたたえた賞。**納戸**は生前、世界に通用する長距離走者の育成にも力を注いだ。

　最も多く区間賞か区間新記録を獲得した選手に贈られる同賞は、大会審判長が選定。94年の43回大会で受賞した山口の**高岡寿成**は、2002年のシカゴマラソンで2時間6分16秒の日本最高記録を樹立。この記録は大会が幕を閉じた13年時点でも君臨している。

　05年の54回大会では福岡の**サムエル・ワンジル**が受賞。4度の出走で全て区間新記録をマークする異次元の走りを見せたケニア人ランナーは、08年の北京五輪男子マラソンで優勝。栄光から3年後、24歳での早すぎる死が今も惜しまれる。

　13年の62回大会。最後の納戸賞は、福岡の**渡辺竜二**が手にした。3度出走し、1度の区間新記録を含む3個の区間賞を獲得。「九州路が自分を鍛えてくれた。世界へ羽ばたきたい」。25歳は2014年2月、初のマラソンに挑戦した。

2007
第56回大会

第10日5区の上りで、三津谷祐(右)らトヨタ自動車九州の同僚から応援を受ける福岡の今井正人さん

2013
第62回大会

長い歴史に幕を下ろした62回大会で納戸賞を受賞した福岡の渡辺竜二さん

現役引退後、故郷の京都や大阪でランニング教室を主宰する高尾憲司さん

九州一周駅伝の経験を生かし、マラソンで世界に挑むトヨタ自動車九州の今井正人さん

1980.11.16
第29回大会・第10日（6〜7区）

九電工勢が峠の激闘制し
劇的な逆転優勝をもたらす
城野直輔・松尾正雄

　宮崎に次ぐ通算26度の優勝を誇る福岡は、劇的な逆転優勝を何度も成し遂げている。大会が長い歴史に幕を下ろした2013年の62回大会、そして1980年の29回大会は、累計タイムでリードする宮崎を最終日に捉えた激走が印象的だった。

　29回大会は第9日終了時点で、宮崎との累計タイム差は4分13秒。第10日も5区を終えた時点で、2分37秒の差が残っていた。しかも、宮崎の6区は旭化成に所属する実力者の**松田勝志**。福岡の監督陣には諦めの色も漂い始めていた。

　福岡の6区は、九州電工（現九電工）に所属していた**城野直輔**。監察車からは「区間賞でいいぞ」と声が飛んだが、引退直後にトライアスロンに挑戦し、退社後にはちゃんこ店経営に乗り出すなどチャレンジ精神にあふれた男は諦めなかった。

　「累計で2分差まで詰めたら、アンカーが何とかしてくれる」。八木山峠越えの10.9kmを「上りで10秒、下りで10秒詰めて、その勢いで平たんも押し切る」とのプラン通りに駆け、累計1分31秒差に詰めて最終7区にたすきをつないだ。

　当時30歳だった**松尾正雄**も篠栗中継所から全力で飛ばした。「最初の5kmで大きく差を詰めたら、相手に心理的にも大きなダメージを与えられると考えた」。**城野**に続く区間賞の力走で、宮崎に累計2分3秒の差をつけての逆転優勝を導いた。

　松尾は左手の指を3本失う大けがを克服し、九州産業大を経て九州電工（現九電工）に入社。苦労人の意地と経験が詰まった激走だった。62回大会のラスト2区間で宮崎との累計4分10秒差をひっくり返したのは、**城野**、**松尾**と同じ九電工の**吉川修司**と**前田和浩**だった。

2013.11.3
第62回大会・第8ステージ（6区）

雨中の激走で大逆転V
62年の歴史は最終区で決着
前田和浩

　最後の大会は大逆転劇で幕を閉じた。2013年の62回大会。福岡のエース**前田和浩**が、第8ステージの最終6区で雨中の激走を見せた。「世界最長の駅伝」の最終日最終区（59回大会まで第10日7区）での逆転総合優勝は、29回大会の福岡以来、33年ぶりだった。

　5区の**吉川修司**が区間賞で差を詰め、篠栗中継所での宮崎との累計タイム差は1分41秒。半世紀を超える歴史の「終着点」への14.5kmで、最初の2kmを5分27秒のハイペースで飛ばした。「序盤で宮崎を諦めさせる」ための作戦だった。

　同年夏の世界選手権マラソン代表は、終盤も粘り抜いて逆転に成功。42分25秒の区間賞で、マラソン練習で培ったスタミナを証明した。所属する九電工の監督、**綾部健二**も「トラック中心だったころより、駅伝が強くなった」と証言する。

　佐賀・白石中時代に全国中学大会で2種目を制覇。その後もトラック種目でエリート街道を歩んだが、07年に出場した世界選手権の1万mでは17位。トラック種目は海外勢の壁が厚いため、**綾部**は「マラソンの方が世界に近い」と教え子の決断を待っていた。

　初マラソンは09年3月の東京。当時27歳の**前田**は初の42.195kmを2時間11分1秒の2位で走り、同年の世界選手権のマラソン代表となった。13年2月の東京は2時間8分0秒の自己ベストで4位に入り、世界選手権の切符を再びつかんだ。

　世界選手権のマラソン成績は39位と17位。「本番に体調を合わせられなかった」と悔やむ32歳は、3年後のリオデジャネイロ五輪を最大の目標に掲げる。最後の九州路での活躍を弾みにして、世界への飛躍を誓う。

1980
第29回大会

宮崎に逆転勝ちし、優勝のゴールテープを切る福岡のアンカー松尾正雄さん

59歳の現在も福岡の街を走る城野直輔さん

2013
第62回大会

第8ステージ6区で、雨にぬれながら懸命に走る福岡のアンカー前田和浩さん

1968.11.23
第17回大会・第10日（7区）

九州路で世界と戦う力を培った
五輪メダリストが大歓声の中、感動のゴール
君原健二

　紙吹雪が舞う福岡・天神のゴールでは、大観衆が五輪銀メダリストの帰りを待ちわびていた。1968年の17回大会。主役は北九州市出身の**君原健二**だった。優勝した福岡のアンカーとして、第10日7区を区間新記録で走り、大歓声に応えた。

　「地元の人に感謝の気持ちを伝えたかった。本当にうれしかったし、感動しながら走った」。1カ月前のメキシコ五輪マラソンで日本中を沸かせたランナーは、当時の感動を振り返る。九州一周駅伝で鍛えられた九州陸上界の全盛期だった。

　初出場は59年の8回大会。八幡製鉄（現新日鉄住金）に入社した18歳は、最終選考会で代表にぎりぎり滑り込んだ。「若手の登竜門であると同時に、一流選手と競い合えるあこがれの大会だった」。2度の出走でいずれも区間賞を獲得した。

　64年の東京五輪マラソンは8位。4年後のメキシコ五輪で悲願のメダルを手にした。「九州一周が実戦的なトレーニングの場だった。いろんな人間関係を築けたし、ライバルと競い合うことで成長できた」。九州路で世界と戦う力を培った。

　君原はメキシコ五輪直後の17回大会を「私の花道だった」と話す。帰国後はテレビ出演やあいさつ回りで多忙を極めたが、毎日の練習は欠かさなかった。九州路は38歳だった28回大会まで12度出場。41度の出走で24個の区間賞を獲得した。

　2013年。20年に東京で2度目の五輪が開催されることが決まった年に、九州一周は62年の歴史に幕を閉じた。故郷に錦を飾った区間新記録から45年。同じ福岡・天神で最後のランナーを迎えた**君原**は「日本の長距離界に大きな功績を残した大会だった」と感慨に浸った。

1968
第17回大会

福岡のアンカーとして西日本新聞社前のゴールに飛び込む君原健二さん

当時の写真を眺めながら、九州路の記憶を振り返る君原さん＝2013年

すべての選手にドラマがあった——
市民ランナーたちの活躍

　五輪や世界選手権に出場した名選手と競い合える「世界最長の駅伝」は、九州のランナーの憧れの舞台だった。フルタイムで働く市民ランナーや教員、自衛隊員たちも各県の予選会を勝ち抜き、印象的な走りを見せた。
　最後の大会となった2013年の62回大会。最終日最終区の第8ステージ6区には、逆転総合優勝を飾った福岡の**前田和浩**など各県を代表するメンバーが並んだ。総合4位に入った鹿児島は、34歳のベテラン**永田宏一郎**がアンカーを務めた。
　永田はかつて実業団の旭化成に所属し、宮崎で出場した2004年には最優秀選手賞の納戸賞を獲得。7年ぶりの大会に市民ランナーとして帰ってきた。「九州一周駅伝が果たした役割の重さをあらためて知った」。万感の思いを込め、14.5kmを区間3位で走り抜けた。
　陸上人生の分かれ道はいつも九州路だった。鹿屋体育大2年で出場した1998年の47回大会。第2日2区で旭化成の主力だった**小島宗幸**を5秒抑える区間賞。「実業団で戦う自信がついた」。大学3年時は日本選手権の5000mで日本人トップになるなど活躍し、01年に旭化成に入社した。
　実業団の強豪に進んだが、01年の世界選手権1万mを右すねの故障で欠場。故障明けで出場した同年の50回大会は無理がたたって座骨神経痛に襲われた。「その後は患部をかばって他のところを痛めたり、故障ばかり」。納戸賞に輝いた翌年の05年に退社を決断した。
　退社後は母校の大学院生として、鹿児島で06年の55回大会に出場。2013年から鹿児島の鶴翔高で保健体育を教え、陸上部を指導。学校の前を通る第4ステージ6区で教え子の声援を受けた悲運のランナーは「世界に羽ばたくような選手を育てたい」と夢を託す。
　62回大会で熊本のアンカーを務めた社会人1年目の**谷永雄一**は、日本体育大時代に箱根駅伝で活躍したランナーだった。4年時の13年正月は

アンカーとして総合優勝のゴールテープを切ったが、実業団の誘いを断って指導者の道を選択。市民ランナーとして、最初で最後の九州路を走った。
　熊本の東海大星翔高で高校生を指導する**谷永**は「これからも市民ランナー、実業団、高校生、みんなが一つになって九州の陸上界を盛り上げていきたい」と言う。半世紀を超える歴史の中で、数多くのランナーが育んだ九州路の「魂」は新しい世代に受け継がれた。
　マラソンの五輪銀メダリスト、**君原健二**と**森下広一**、世界記録保持者だった**重松森雄**、日本記録保持者の**高岡寿成**、北京五輪金メダリストの**サムエル・ワンジル**。九州路の歴史は豪華なメンバーが彩ってきたが、出場した全ての選手に物語があった。

九州一周駅伝競走大会順位一覧表

順回	年	優勝	2位	3位	4位	5位	6位	7位	8位	9位
1	1952(昭27)	福岡	山口	宮崎	長崎	熊本	佐賀	大分	鹿児島	
2	1953(昭28)	福岡	宮崎	山口	長崎	熊本	大分	佐賀	鹿児島	
3	1954(昭29)	福岡	宮崎	山口	大分	熊本	佐賀	鹿児島	長崎	
4	1955(昭30)	福岡	宮崎	熊本	山口	大分	佐賀	鹿児島	長崎	
5	1956(昭31)	福岡	宮崎	山口	熊本	長崎	鹿児島	佐賀	大分	
6	1957(昭32)	福岡	宮崎	鹿児島	熊本	長崎	大分	佐賀		
7	1958(昭33)	福岡	宮崎	鹿児島	熊本	長崎	大分	佐賀		
8	1959(昭34)	宮崎	福岡	長崎	大分	熊本	鹿児島	佐賀		
9	1960(昭35)	宮崎	福岡	長崎	大分	鹿児島	熊本	佐賀		
10	1961(昭36)	福岡	宮崎	大分	長崎	鹿児島	熊本	佐賀		
11	1962(昭37)	福岡	宮崎	大分	鹿児島	熊本	佐賀	長崎		
12	1963(昭38)	福岡	宮崎	熊本	大分	佐賀	鹿児島	長崎		
13	1964(昭39)	福岡	宮崎	佐賀	大分	長崎	熊本	鹿児島		
14	1965(昭40)	福岡	宮崎	大分	佐賀	鹿児島	長崎	熊本		
15	1966(昭41)	宮崎	福岡	佐賀	大分	鹿児島	長崎	熊本		
16	1967(昭42)	宮崎	福岡	大分	佐賀	鹿児島	長崎	熊本		
17	1968(昭43)	福岡	宮崎	佐賀	鹿児島	長崎	大分	熊本		
18	1969(昭44)	宮崎	福岡	大分	鹿児島	佐賀	熊本	長崎		
19	1970(昭45)	福岡	宮崎	鹿児島	大分	熊本	長崎	佐賀		
20	1971(昭46)	福岡	宮崎	鹿児島	大分	佐賀	熊本	長崎	沖縄	
21	1972(昭47)	宮崎	福岡	佐賀	鹿児島	熊本	長崎	大分		
22	1973(昭48)	宮崎	福岡	山口	佐賀	鹿児島	大分	熊本	長崎	
23	1974(昭49)	宮崎	山口	福岡	大分	鹿児島	佐賀	熊本	長崎	
24	1975(昭50)	福岡	山口	宮崎	佐賀	鹿児島	大分	熊本	沖縄	長崎
25	1976(昭51)	福岡	山口	宮崎	佐賀	鹿児島	熊本	大分	長崎	沖縄
26	1977(昭52)	宮崎	山口	福岡	鹿児島	熊本	佐賀	大分	長崎	沖縄
27	1978(昭53)	宮崎	福岡	山口	熊本	鹿児島	大分	佐賀	長崎	沖縄
28	1979(昭54)	福岡	宮崎	山口	熊本	鹿児島	佐賀	大分	長崎	沖縄
29	1980(昭55)	福岡	宮崎	山口	熊本	佐賀	鹿児島	大分	長崎	沖縄
30	1981(昭56)	宮崎	福岡	山口	熊本	鹿児島	佐賀	大分	長崎	沖縄
31	1982(昭57)	宮崎	福岡	山口	熊本	鹿児島	大分	佐賀	長崎	沖縄

巻末の付録CDに詳細なデータが収録されています。

順回	年	優勝	2位	3位	4位	5位	6位	7位	8位	9位
32	1983(昭58)	宮崎	福岡	山口	熊本	鹿児島	大分	佐賀	長崎	沖縄
33	1984(昭59)	宮崎	福岡	熊本	山口	鹿児島	大分	佐賀	長崎	沖縄
34	1985(昭60)	宮崎	福岡	山口	熊本	鹿児島	大分	佐賀	長崎	沖縄
35	1986(昭61)	宮崎	福岡	山口	熊本	鹿児島	大分	佐賀	長崎	沖縄
36	1987(昭62)	宮崎	福岡	山口	熊本	鹿児島	佐賀	大分	長崎	沖縄
37	1988(昭63)	宮崎	山口	福岡	鹿児島	熊本	大分	佐賀	長崎	沖縄
38	1989(平1)	宮崎	山口	福岡	鹿児島	熊本	大分	長崎	佐賀	沖縄
39	1990(平2)	宮崎	福岡	山口	熊本	鹿児島	大分	佐賀	長崎	沖縄
40	1991(平3)	宮崎	福岡	山口	熊本	鹿児島	佐賀	大分	長崎	沖縄
41	1992(平4)	宮崎	福岡	山口	熊本	鹿児島	佐賀	長崎	大分	沖縄
42	1993(平5)	宮崎	福岡	山口	熊本	鹿児島	長崎	大分	佐賀	沖縄
43	1994(平6)	宮崎	福岡	山口	長崎	鹿児島	熊本	大分	佐賀	沖縄
44	1995(平7)	宮崎	福岡	山口	鹿児島	熊本	長崎	大分	佐賀	沖縄
45	1996(平8)	宮崎	福岡	山口	長崎	鹿児島	熊本	大分	佐賀	沖縄
46	1997(平9)	宮崎	福岡	山口	熊本	長崎	鹿児島	大分	佐賀	沖縄
47	1998(平10)	宮崎	福岡	山口	長崎	熊本	鹿児島	大分	佐賀	沖縄
48	1999(平11)	宮崎	福岡	山口	長崎	熊本	鹿児島	大分	佐賀	沖縄
49	2000(平12)	宮崎	福岡	長崎	山口	熊本	大分	鹿児島	佐賀	沖縄
50	2001(平13)	宮崎	福岡	山口	長崎	熊本	大分	鹿児島	佐賀	沖縄
51	2002(平14)	宮崎	福岡	山口	長崎	熊本	大分	鹿児島	佐賀	沖縄
52	2003(平15)	宮崎	福岡	長崎	山口	熊本	大分	鹿児島	佐賀	沖縄
53	2004(平16)	宮崎	福岡	長崎	山口	大分	熊本	鹿児島	沖縄	佐賀
54	2005(平17)	福岡	宮崎	長崎	山口	大分	鹿児島	佐賀	熊本	沖縄
55	2006(平18)	福岡	宮崎	長崎	大分	鹿児島	熊本	佐賀	山口	沖縄
56	2007(平19)	福岡	宮崎	長崎	大分	鹿児島	熊本	佐賀	山口	沖縄
57	2008(平20)	福岡	宮崎	長崎	鹿児島	大分	佐賀	熊本	山口	沖縄
58	2009(平21)	福岡	宮崎	長崎	鹿児島	大分	山口	佐賀	熊本	沖縄
59	2010(平22)	宮崎	福岡	長崎	鹿児島	大分	山口	佐賀	熊本	沖縄
60	2011(平23)	宮崎	福岡	長崎	鹿児島	大分	熊本	山口	佐賀	沖縄
61	2012(平24)	福岡	宮崎	長崎	佐賀	大分	山口	鹿児島	熊本	沖縄
62	2013(平25)	福岡	宮崎	長崎	鹿児島	大分	熊本	山口	佐賀	沖縄

第62回大会グラフ
(2013年)

開会式で選手宣誓する宮崎県チームの佐々木悟選手＝10月26日夕、長崎市のJR長崎駅かもめ広場

第1ステージ

平和祈念像前を一斉にスタートする各県代表の選手たち＝10月27日

力走する1区の選手たち

大分2区の奥村隆太選手（左）にたすきを渡す1区の難波祐樹選手

第2ステージ

第2ステージのMIPに輝いた佐賀1区今泉正和選手

4区で区間賞の活躍をみせた熊本の井上尚樹選手。右は5区の長尾俊選手

6区で区間賞の好走を見せ、第2ステージ3位でゴールする鹿児島のアンカー朝日嗣也選手

第3ステージ

笑顔で長崎3区の岩田勇治選手（左）からたすきを受ける4区の木滑良選手

第3ステージMIPに輝いた熊本5区の村上翔伍選手

第4ステージ

6区18km付近、生徒たちの声援を受けながら力走する鹿児島の永田宏一郎選手

長崎のアンカー佐藤歩選手（右）に声をかけながら、たすきを渡す7区の小林誠治選手

4区で区間新を出した福岡の前田和浩選手

1区で区間賞の走りを見せた佐賀の井上拳太朗選手

区間賞獲得回数ベスト10

順位	選手名	回数
①	伊藤　国光（山　口）	51
②	佐藤　市雄（宮　崎）	43
③	小島　忠幸（宮　崎）	38
④	三村　清登（福　岡）	37
⑤	鎌田　俊明（山　口）	36
⑥	宗　　茂（宮　崎）	35
⑦	佐藤　智之（宮　崎）	34
⑧	浜田　安則（鹿児島）	33
⑨	広島日出国（宮　崎）	32
⑨	渡辺　康徳（福　岡）	32

歴代納戸賞受賞者

年	大会	選手名	所属	区間賞	区間新
1991	40	秋吉　慎一	旭　化　成	4	1
92	41	早田　俊幸	鐘　　　紡	4	2
93	42	西　　政幸	旭　化　成	4	1
94	43	高岡　寿成	鐘　　　紡	4	2
95	44	依田　雅文	安川電機	4	0
96	45	三木　　弘	旭　化　成	4	0
97	46	高尾　憲司	旭　化　成	4	1
98	47	川越　　衛	旭　化　成	4	2
99	48	清水　　昭	杵築東芝	4	0
2000	49	秋吉　慎一	旭　化　成	4	0
01	50	瀬戸口賢一郎	旭　化　成	4	1
02	51	小島　忠幸	旭　化　成	4	1
03	52	佐藤　智之	旭　化　成	3	1
04	53	永田宏一郎	旭　化　成	4	1
05	54	サムエル・ワンジル	トヨタ自動車九州	4	4
06	55	大野　龍二	旭　化　成	4	1
07	56	今井　正人	トヨタ自動車九州	4	0
08	57	大野　龍二	旭　化　成	3	2
09	58	平野　　護	安川電機	4	1
10	59	佐々木　悟	旭　化　成	4	1
11	60	荒川　丈弘	旭　化　成	3	0
12	61	今井　正人	トヨタ自動車九州	3	1
13	62	渡辺　竜二	トヨタ自動車九州	3	1

九州一周駅伝を走った五輪選手

年	場所	選手名（所属）	種目
1952	ヘルシンキ	西田　勝雄（中　央　大）	マラソン
		内川　義高（三井鉱山山野）	マラソン
		高橋　　進（八　幡　製　鉄）	3000m障害
		室矢　芳隆（中　央　大）	800m・1600mR
1956	メルボルン	浜村　秀雄（山　口　県　庁）	マラソン
		広島　庫夫（旭　化　成）	マラソン
		室矢　芳隆（八　幡　製　鉄）	800m・1600mR
1960	ローマ	広島　庫夫（旭　化　成）	マラソン
		渡辺　和己（九　州　電　工）	マラソン
		貞永　信義（鐘　　　紡）	マラソン
1964	東京	君原　健二（八　幡　製　鉄）	マラソン8位
		渡辺　和己（九　州　電　工）	10000m
		岩下　察男（旭　化　成）	5000m
		猿渡　武嗣（中　央　大）	3000m障害
		三輪寿美雄（旭　化　成）	50km競歩
1968	メキシコシティー	君原　健二（八　幡　製　鉄）	マラソン銀メダル
		佐々木精一郎（九　州　電　工）	マラソン
		猿渡　武嗣（八　幡　製　鉄）	3000m障害
1972	ミュンヘン	君原　健二（新　日　鉄）	マラソン5位
1976	モントリオール	宗　　　茂（旭　化　成）	マラソン
		水上　則安（新　日　鉄）	マラソン
		鎌田　俊明（鐘　　　紡）	5000m・10000m
1980	モスクワ（日本不参加）	宗　　　茂（旭　化　成）	マラソン
		宗　　　猛（旭　化　成）	マラソン
		伊藤　国光（鐘　　　紡）	10000m
		喜多　秀喜（神　戸　製　鋼）	10000m
1984	ロサンゼルス	宗　　　茂（旭　化　成）	マラソン
		宗　　　猛（旭　化　成）	マラソン4位
1988	ソウル	米重　修一（旭　化　成）	5000m・10000m
1992	バルセロナ	森下　広一（旭　化　成）	マラソン銀メダル
		谷口　浩美（旭　化　成）	マラソン8位
		大崎　　栄（旭　化　成）	10000m
1996	アトランタ	谷口　浩美（旭　化　成）	マラソン
		高岡　寿成（鐘　　　紡）	10000m
2000	シドニー	川嶋　伸次（旭　化　成）	マラソン
		佐藤　信之（旭　化　成）	マラソン
		高岡　寿成（鐘　　　紡）	10000m7位・5000m
2004	アテネ	大野　龍二（旭　化　成）	10000m
2008	北京	サムエル・ワンジル（ケ　ニ　ア）	マラソン金メダル
2012	ロンドン	中本健太郎（安　川　電　機）	マラソン6位
		藤原　　新（ミ　キ　ハ　ウ　ス）	マラソン

※北京五輪のサムエル・ワンジルは九州一周駅伝出場時はトヨタ自動車九州に所属。
　特別参加チームの選手は除く

第62回大会グラフ
(2013年)

第5ステージ

第5ステージのMIP賞を受賞した山口の藤井祐希選手

2区の終盤、福岡の小椋新之介選手と競り合う宮崎の佐藤智之選手

第5ステージのMIP賞を受賞した沖縄の仲間孝大選手

第6ステージ

「最後の延岡」にゴールする宮崎のアンカー堀端宏行選手

宮崎との差を2分以上も縮め、両腕を上げてゴールする福岡アンカーの渡辺竜二選手

第2中継所で大分2区の田吹隆一選手(左)からたすきを受け取る3区の野中洋輝選手

ゴール目前で激しく競り合う山口のアンカー浜本栄太選手(右)と熊本の地下翔太選手

区間賞の力走で長崎5区の木滑良選手(右)にたすきを渡す4区の松村康平選手

第7ステージ

第7ステージのMIPに選ばれた大分1区の佐竹一弘選手

劇的な逆転で総合優勝を果たし、胴上げされる福岡の森下広一総監督

第8ステージ

沿道の声援を浴びながらゴールする福岡のアンカー前田和浩選手＝11月3日

あとがきにかえて

　九州を一周する駅伝を思いつくとは、何と気宇壮大な人たちだろう。私ははるかな九州路を巡るつど、そのことに思いをはせた。
　私が取材で九州一周駅伝を体験したのは1970年が最初。高度経済成長によって、かつての土や砂利道は舗装や改修が進み、トンネルも掘られていき、山中の急坂走路は次第に減ってきていた。それでも、遠くにかすんだ山々に分け入る選手たちと随行車列を眺めると、感動した。
　たすきを手渡すため、全力を尽くす。親兄弟姉妹、恩師や出身地域の人々の励ましを背に、各県代表としてひた走る。何と純粋な営みだろう。競走取材と別に私はそんな選手と選手を支える大地のことを車の中で思い浮かべた。
　この駅伝は52年、サンフランシスコ講和条約の発効を記念して始まった。九州を一周する駅伝を考えてみてという社命を受けた、当時の西日本新聞社工務局長の納戸徳重さん。彼は若いころ、パリ五輪に出場した陸上競技走者だ。当時の運動部長とともに壮大な計画の調査へ。
　車で長崎を起点に距離とコースを調べる長旅を敢行した。「長距離選手を育てたい」「観衆に楽しみを」。戦後７年経ているとはいえ、山坂や街角に走行に支障のある箇所はないか。「より走りやすく、鍛錬になるコースを選ぼう」。寂しい山里での調査も、本番の激走を思い、熱が入ったという。調査の奮闘が目に浮かぶ。
　練られたコースを激走した選手の忘れられない言葉も多い。「九州一周駅伝は過酷な〝合宿練習〟でした」（現役当時九州電工の渡辺和己さん）「絞ったタオルからしずくも落ちない状態で駅伝は飛ばす。その最たるものが九州一周駅伝でした」（同八幡製鉄の三村清登さん）。
　コース調査は毎夏、九州陸上競技協会役員が行う。道路事情で中継点

を変えざるを得ないこともある。選手の晴れ舞台のコース設定は重要事。
　スピード・持久力を養うクロスカントリーの超大型版といえた九州一周駅伝。五輪選手も育っていった。九州をかつて〝長距離王国〟の座に押し上げた。一流走者になれずとも、人生の苦境を乗り越える粘りを培わせる糧になったに違いない。少年には夢を与え続けた駅伝だったと思う。
　62回大会で幕は閉じた。しかし手法や形を変えてでも復活する日が来ないとも限らない。その時、沿道からは懐旧と新生を喜ぶ視線が交錯し、歓声が上がるだろう。九州路の熱走は、限りなく懐かしい。

　　　　　　　　　　　　井上明敏（元西日本新聞運動部編集委員）

巻末付録

九州一周駅伝CD-R記録集の内容

CD-Rには第1回から第62回大会までの、出場選手全員のタイムや各県別の日間・総合タイム、日程、区間距離、歴代各賞受賞者などがデータで収録されています。形式はPDF、プリントアウトもできます。

※第45回大会までのオープン参加チームは除く。

PDFファイルをご覧になるには、ご使用のパソコンに閲覧ソフトウェアのAdobe Reader（無料）がインストールされている必要があります。ご使用の環境に下記アドレスよりソフトウエアをダウンロード、インストールし、セットアップしてご覧ください。
http://get.adobe.com/jp/reader/

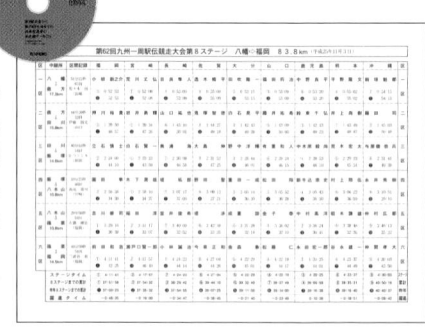

収録内容の一例

[連載執筆]
相島聡司、手島基、山上武雄、大窪正一、向吉三郎、松田達也、森淳、浜口妙華、小畑大悟、伊藤瀬里加

九州一周駅伝 62年の物語
Run to the Moon

2014年2月28日　初版第一刷発行

編　者	西日本新聞社運動部・企画事業局
発行者	川崎隆生
発　行	西日本新聞社
	〒810-8721 福岡市中央区天神1-4-1
	TEL 092-711-5523　FAX 092-711-8120
印　刷	西日本新聞印刷
製　本	篠原製本

定価はカバーに表示してあります。
落丁本・乱丁本は送料当社負担でお取り替えいたします。
小社出版部宛てにお送りください。
本書の無断転写、転載、複写、データ配信は、著作権法上での例外を除き禁じられています。
ISBN978-4-8167-0884-8 C0075

西日本新聞社ホームページ　http://www.nishinippon.co.jp/